GÁLATAS

El caso en contra de mezclar la Ley y la Gracia

Escrito por Juan Kennington y apéndice por Eugenio Torres Rivera

Gálatas: El caso en contra de mezclar la Ley y la Gracia ©

Juan C. Kennington, 2019 ©

http://renuevalamente.org

Publicación independiente

Renueva la mente ediciones ©

Guadalupe, Nuevo León, México.

A menos que se indique lo contrario, El texto Bíblico ha sido tomado de la versión Reina-Valera © 1960 Sociedades Bíblicas en América Latina © renovado 1988 Sociedades Bíblicas Unidas. Utilizado con permiso.

Contenido

¿En qué contexto fue escrito Gálatas?

En preparación para entender al libro de Gálatas, vemos las dos promesas básicas de salvación para toda raza humana.

Dios es el creador de todos los hombres.

Dios juzga a todos los hombres con Adán e indica que un hombre va a ser la salvación de todos los hombres. Este hombre, indicado en Génesis 3:15, es el mismo que el descendiente en Génesis 12:3, quien según Gálatas (Gálatas 3:15—16) es Jesús.

Dios juzga y salva a todos los hombres con el diluvio (Génesis 6:1—9:17).

Dios pronuncia un juicio a todos los hombres con confusión de todos los idiomas (Génesis 11:1—9).

La promesa de bendición que Dios da a Abraham tiene un alcance para todos los hombres, "todas las etnias" (Génesis 12:1—3).

Los primeros capítulos de Génesis apoyan la conclusión de Pablo en Gálatas de que no haya diferencia entre hombres y mujeres, judíos y gentiles o esclavos y libres (Gálatas 3:28—29).

Hay muchos gentiles en el Antiguo Testamento que nos indican que en el plan de Dios está incluir a todas las etnias en la salvación.

El Nuevo Testamento sigue este plan de Dios. Mencionemos solamente los primeros versículos para comprobarlo...

Cuando Mateo presenta la genealogía de Jesús, menciona cuatro mujeres gentiles (Mateo 1:1—17): Tamar, Rahab, Rut y Betsabé. El hecho de mencionarlas indica que el plan de Dios también incluye a los gentiles.

Después de la muerte, resurrección y ascensión de Jesús, vemos la entrada de los gentiles en grande. Enseguida hay un resumen de esta entrada.

La inclusión de los gentiles en el libro de Hechos:

Cuando Pedro dio su discurso en Hechos 2 encontramos que había gente (judía) de muchos idiomas presentes (Hechos 2:8—11).

Encontramos una queja en Hechos 6 de que los que hablaban hebreo (Hechos 6:1) no atendían a los que hablaban griego. Esto provocó que la iglesia nombrara siete diáconos para atender a las viudas que solo hablaban griego. (Hechos 6:1—7).

Felipe fue a Samaria y anunció el evangelio de Cristo (Hechos 8:4—25).

Felipe anunció el evangelio al etíope (Hechos 8:26—40).

Saulo (Pablo) anuncia en Damasco que Jesús es el Hijo de Dios (Hechos 9:20—22).

Pedro va a la ciudad de Cesarea y anuncia el evangelio a Cornelio, un soldado romano (Hechos 10:1—48)

Los cristianos de Antioquía hablaron el evangelio a personas NO JUDÍAS (Hechos 11:19—30).

La iglesia de Antioquía apartó a Bernabé y Saulo para mandarlos como misioneros a los gentiles (Hechos 13:1—3).

Jesús entre los héroes / Jesús entre los dioses

Cuando Pablo y Bernabé llegaron a Asia Menor como misioneros encontraron judíos y los que creían en la religión de Grecia. En capítulos 13 y 14 de Hechos tenemos un ejemplo de cómo Pablo anunció el evangelio a judíos cuando iba a la sinagoga y cuando anunció el evangelio a personas que no tenían un trasfondo bíblico, es decir, que creían en los dioses de su cultura.

-Trata de describir estas diferencias en una tabla.

Hechos 13–14

¿En qué creían los que no conocían a Jesucristo?

Esta pregunta es clave para interpretar el pasaje y entender a la gente hoy en día. No hay personas que no tengan creencias. Las personas usan sus creencias profundas para interpretar el mundo en que viven.

Alguna vez te has preguntado por qué el cine de hoy trata el tema de hombres divinos: Supermán, Spiderman, Hulk, Wolverine, X-Men, Furia de los titanes, Mujer maravilla, Guerrera de las galaxias, Hancock, Capitán América, Batman, etc., y estos son solo los más obvios.

¿Por qué las personas (nosotros) somos atraídos a estos temas que tratan sobre la divinidad, pero no son religiosos? ¿Qué estamos buscando en estos temas?

¿Qué hacen nuestros "dioses"? ¿Para qué funcionan?

Los temas con estos super héroes, tiene su raíz en la cultura griega.

¿Cuál es el evangelio que predicó Pablo en el libro de los Hechos? ¿En Galacia? ¿En Éfeso? ¿En Roma?

A la luz de nuestras conclusiones, ¿Qué debemos enfatizar en la predicación?

Jesús es el creador. ¿Cómo sabemos que Jesús es el creador?

Pablo va en Misión (Hechos 13:1–3) La iglesia en Antioquía por la dirección del Espíritu Santo apartó a Bernabé y Saulo (o Pablo ver Hechos 13:9) para "un trabajo importante".

Va primero a los judíos (Hechos 13:5)

Después que los judíos rechazan el evangelio van a los gentiles (Hechos 13:26–46).

Los judíos siembran inquietud entre los gentiles (Hechos 13:50).

Pablo y Bernabé en Asia Menor (Hechos 14)

Primero van a Iconio y visitan una sinagoga predicando a Cristo. Pero la ciudad estaba dividida entre los que apoyaron a los judíos y los que apoyaron a los apóstoles. Las autoridades se unieron a los judíos para hacerles daño a los apóstoles, y éstos huyeron a otras ciudades de Galacia (Hechos 14:4-5).

Llegaron a Listra.

La sanidad de un "lisiado de nacimiento" (Hechos 14:8–11

Los misioneros van a otro pueblo, donde Pablo y Bernabé son llamados Zeus y Hermes. La gente no entendió el mensaje de Pablo y le atribuían divinidad al misionero.

Pablo tenía el mismo problema de la inclusión de gentiles en Éfeso. Cuando les escribe, trata en una forma similar el mismo tema que en Gálatas. Podemos decir que Efesios 2:11-22 es un texto paralelo a la carta Gálatas.

Efesios 2:11-22

Por lo tanto, ustedes, que por nacimiento no son judíos, y que son llamados «incircuncisos» por los que desde su nacimiento han sido físicamente circuncidados, deben recordar esto: En aquel tiempo ustedes estaban sin Cristo, vivían alejados de la ciudadanía de Israel y eran ajenos a los pactos de la promesa; vivían en este mundo sin Dios y sin esperanza.

Pero ahora, en Cristo Jesús, ustedes, que en otro tiempo estaban lejos, han sido acercados por la sangre de Cristo. Porque él es nuestra paz. De dos pueblos hizo uno solo, al derribar la pared intermedia de separación y al abolir en su propio cuerpo las enemistades.

Él puso fin a la ley de los mandamientos expresados en ordenanzas, para crear en sí mismo, de los dos pueblos, una nueva humanidad, haciendo la paz, y para reconciliar con Dios a los dos en un solo cuerpo mediante la cruz, sobre la cual puso fin a las enemistades.

Él vino y a ustedes, que estaban lejos, les anunció las buenas nuevas de paz, lo mismo que a los que estaban cerca. Por medio de él, unos y otros tenemos acceso al Padre en un mismo Espíritu.

Por lo tanto, ustedes ya no son extranjeros ni advenedizos, sino conciudadanos de los santos y miembros de la familia de Dios, y están edificados sobre el fundamento de los apóstoles y profetas, cuya principal piedra angular es Jesucristo mismo.

En Cristo, todo el edificio, bien coordinado, va creciendo para llegar a ser un templo santo en el Señor; en Cristo, también ustedes son edificados en unión con él, para que allí habite Dios en el Espíritu.

¿Cuáles son los "tipos de religión" en nuestro entorno? evangélico, católico, ateo, religión autóctono, nacionalista, feminista, de película Marvel, humanista.

Presentación

En tanto que un hombre esté persuadido de

poder hacer la más mínima contribución a su salvación,

permanece en su autoconfianza, en la total desesperación

de sí mismo, y no es humilde ante Dios. Tal hombre

planea para sí mismo una posición, una ocasión y una

obra que lo llevarán a la salvación final, pero eso no se

cumplirá.

- Martín Lutero -

Hace 500 años, en 1517, Martín Lutero inició un cambio en el mundo al colocar sus 95 tesis en la puerta de la iglesia de Wittenberg para anunciar el evangelio que se había perdido en las tradiciones de la iglesia. Para celebrar el evangelio predicado por Martín Lutero estudiaremos Gálatas a fin de ayudarnos también a descubrir el evangelio de Jesús.

Iniciaremos citando Gálatas 1.4, que dice: "Jesucristo dio su vida por nuestros pecados para librarnos de este mundo malvado, según la voluntad de nuestro Dios y Padre".

¿Qué es la justificación? ¿Por qué se separó la iglesia evangélica de la católica? ¿Qué es la justicia?

El problema de los gálatas no estribaba en cómo se inicia la salvación, sino en el cuestionamiento planteado por Pablo: "¿Tan insensatos son? Habiendo comenzado por el Espíritu, ¿van a terminar ahora por la carne [esfuerzo humano]?" (Gálatas 3:3 NBLH). El problema no consistía en recibir el evangelio, sino en cómo permanecer en el evangelio. Este problema sigue vigente entre los cristianos de hoy, tal como lo plantean algunos: "la ley nos lleva a Cristo y Cristo nos lleva a la ley".

El tema de Gálatas es un tema pastoral. Ellos le habían añadido a la salvación el requisito de cumplir la Ley (los 613 mandamientos de la Ley o Torá) a su fe en Cristo, para estar seguros de su salvación.

Hoy es igual, pues vivimos en un mundo donde el evangelio también se ha perdido. Para retomar el tema del evangelio, empecemos aclarando que hay dos tipos de personas. Los que piensan que no necesitan un salvador, porque son "buena onda", o suelen decir "no hago mal a nadie".

Otros piensan que necesitan salvarse a sí mismos en una manera u otra. Pablo se dirige a este grupo.

¿Qué es un cristiano?

Ser un discípulo de Cristo no empieza con algo

que hacemos. Empieza con algo que Jesús hizo

- Mark Dever -

Antes de iniciar el comentario es importante definir ¿Qué es un cristiano? ¿Qué hace que una persona o una iglesia sea cristiana?

Consulta: Deuteronomio 7:7-8; 8:11–20; 9:1–6; Salmo 143:1–12; Mateo 19:16-30, Marcos 2:13–17; ¿Romanos 10:31-32?

Texto	¿Qué hace Dios?	¿Qué hace la gente?
Deut. 7:7–8		
Deut 8:11-20		
Deut. 9:1—6		
Salmo 143:1—12		
Mateo 19:16-30		
Marcos 2:13—17		
Romanos 10:31--32		

Gálatas nos presenta dos religiones. Una consiste en mantener una relación con Dios, por medio de la fe. Esa era la religión de Abraham. Sus fundamentos están descritos en Génesis 15:6, donde dice: "Y creyó a Jehová (el Señor), y le fue contado por justicia".

Como contraste, la otra religión (la judía) se basa en cumplir la Ley. Es la religión de Moisés. La Ley dicta una sentencia o maldición sobre quienes no la cumplen: "Maldito el que no confirmare las palabras de esta ley para hacerlas. Y dirá todo el pueblo: Amén". (Deuteronomio 27:26).

Los gálatas habían iniciado su vida cristiana al creer en Jesús. Sin embargo, en su carta Pablo les reclama haber abandonado su vida cristiana en la fe, y haber regresado a la ley, con respecto a su doctrina y forma de vivir como cristianos.

Estos dos enfoques a la religión se siguen practicando hoy. Es importante que los cristianos sepamos cómo relacionarnos correctamente con Dios.

Gálatas, un comentario

> *Tengo que escuchar al evangelio. Él me dice no lo que tengo que hacer, sino lo que Jesucristo, el Hijo de Dios, ha hecho por mí.*
> *- Martín Lutero -*

El Nuevo Testamento se escribió para persuadirnos de algo: que no sigamos con los mismos pensamientos de antes. Si no entendemos sus argumentos y conclusiones, no podremos entender la fe o la religión cristiana.

En este libro sobre la carta a los Gálatas vamos a tratar de desglosar los argumentos de Pablo y sus conclusiones para poder comprender el mensaje o la doctrina cristianos. Pablo no expone su propia opinión, más bien reporta lo sucedido históricamente y cómo Dios responde a ello.

Fecha

Tenemos varias posturas de cuándo se escribió la carta a los Gálatas:

Una postura dice que la Carta a los Gálatas se escribió antes del concilio en 48—49 ad. Sus razones son que en ella Pablo no menciona el Concilio de Jerusalén, lo cual implica que la carta antecede los eventos de Hechos 15.

Tarea: ¿Qué es el concilio de Jerusalén? (Hecho 15:1–41). ¿Qué decidieron? Y ¿Cómo nos impacta a nosotros?

Otra postura dice que la carta a los Gálatas se escribió después del concilio de Jerusalén. En Gálatas 2:6-10 tenemos el reporte de los resultados del Concilio de Jerusalén, cuando toda la iglesia en Jerusalén y los apóstoles aprobaron el evangelio de Pablo predicado a los gentiles en su primer viaje misionero. El concilio les otorgó a Pablo y Bernabé una carta empoderándolos para continuar predicando el evangelio a los gentiles.

Si Pablo da una cronología, significa que después del concilio Pedro también subió a Antioquía, mostró favoritismo hacia los judíos y menospreció a los cristianos gentiles. Antioquía es la ciudad de donde salieron las misiones de Pablo y Bernabé (Hechos 13:1–4). Dadas las circunstancias, Pablo se enojó por la conducta de Pedro, con la cual negaba la eficacia del evangelio en favor de los gentiles.

La situación de las iglesias de Galacia

Es importante captar la situación a la cual Pablo responde con esta carta. Él había evangelizado a una comunidad ubicada en el centro de la provincia de Galacia como parte de su trabajo misionero (Leer: Hechos 13–14).

Después de salir de esa región para regresar a Antioquía y reportarle a la iglesia el progreso de su misión, llegaron unos judaizantes para deshacer el avance hecho por Pablo.

Por su doctrina basada en la religión de Moisés, los judaizantes les dijeron a los gálatas que Cristo no bastaba para salvarlos, sino que debían cumplir con los requisitos adicionales de la ley y la tradición judía.

La fórmula de los judaizantes para ser salvo era: Cristo más la Ley. Es decir, "Cristo + Ley (obediencia y obras) = Salvación".

Al darnos cuenta de la pasión de Pablo por el evangelio de Jesucristo, vemos la situación en la cual nació esta carta incendiaria.

Contexto cultural

Los santos son, sin excepción, pecadores.
Pecador es mi nombre, pecadora es mi naturaleza, pero
gracias a Cristo que vino a salvar a los pecadores; ¡soy
un pecador salvo!
- Charles Spurgeon -

Jesucristo vino para salvarnos. No estamos acostumbrados a ser salvados por otro. Nuestra cultura nos enseña que somos premiados o salvados por lo que hacemos. Nos enseñan a ser autónomos toda la vida.

Para las culturas de hoy, la autonomía es una indicación de ser maduros. Es natural que digamos "se lo merece", tanto para el bien, como para el mal.

En su primer viaje misionero (47 a 49 d.C.) Pablo visitó la parte interior de Asia Menor, la provincia de Galacia, poblada por inmigrantes de Francia (llamados galos en ese tiempo). En su visita muchos gentiles (no judíos) se convirtieron a la fe cristiana. Su conversión suscitó una gran polémica en la iglesia acerca del significado de ser cristiano.

Esta pregunta todavía es importante para los cristianos en la actualidad. La carta a los Gálatas es la respuesta de Pablo a dicho problema. En ella nos ayuda a entender la naturaleza de la fe cristiana hasta el día de hoy y fue clave en la vida de Martín Lutero en su redescubrimiento del evangelio en el siglo XVI.

Una de las decisiones más importantes registradas en el Nuevo Testamento fue la inclusión de los gentiles en la iglesia (Hechos 15). Primero la iglesia tenía que recibir a los judíos de origen extranjero (griego), después a los samaritanos y luego a los gentiles, es decir, a todas las demás etnias. Este es todo un proceso de transformación, para pasar de ser una religión nacional a una religión global.

La salvación para los gentiles es consecuencia de que somos (toda la humanidad), parte de la creación de Dios, desde el principio. El hombre fue creado por Dios para vivir en un mundo creado por él.

Esta decisión se tomó como un proceso iniciado en Hechos 2, el día de Pentecostés, cuando todos se entendían en su propio idioma.

La segunda etapa se registra en Hechos 6, cuando la iglesia nombró diáconos para servir a las viudas judías de origen griego, convertidas al cristianismo.

El siguiente paso se dio cuando los cristianos fueron dispersados de Jerusalén y Judea, a Samaria y a todas partes después del martirio de Esteban en Hechos 7.

Luego se extendió a Samaria (Hechos 8), lugar "tabú" para los judíos, por ser una ciudad habitada por mestizos sincretistas. El evangelio estaba brincando barreras y cruzando muros culturales y raciales.

Entre tanto Jesús apareció a Saulo/Pablo que encarcelaba y mataba a los cristianos (Hechos 9:1–2).

En Hechos 10 tenemos el relato de cómo el evangelio fue predicado por primera vez al gentil Cornelio, un soldado romano, a sus parientes y amigos íntimos; "… recibieron el Espíritu Santo tal como nosotros [judíos]" (Hechos 10:47)

Más adelante, en Hechos 11:19–20, "a los que habían sido esparcidos a causa de la persecución que sobrevino cuando la muerte de Esteban, … al llegar Antioquía hablaban también a los griegos, predicando al Señor Jesús." Entonces el evangelio fue recibido por los gentiles en Antioquía. Fue tal la recepción, que Bernabé fue enviado para supervisar qué estaba sucediendo. Al darse cuenta de la necesidad que los gentiles tenían de instrucción cristiana, buscó a Pablo para que le ayudara con la enseñanza de los nuevos convertidos gentiles.

Luego, en Hechos 13, esta iglesia envió a Pablo y Bernabé para compartir el evangelio entre los gentiles. En su primer viaje misionero Pablo y Bernabé visitaron Galacia.

Hay que conocer las primeras predicaciones cristianas en esta región. Hechos 13 y 14 relatan las experiencias de Pablo y Bernabé en la provincia romana de Galacia.

Tarea: ¿Cuál era el mensaje de Pablo y Bernabé en Galacia? ¿Cuánto conflicto había? Y ¿entre quiénes? (Ver Hechos 13:38–39.

Esto sólo era el principio de la predicación del evangelio a todas las naciones, que cumple con la expectativa de la promesa dada a Abraham en Génesis 12:1-3, donde dice: "Vete de tu tierra y de tu parentela, y de la casa de tu padre, a la tierra que te mostraré. Y haré de ti una nación grande, y te bendeciré, y engrandeceré tu nombre, y serás bendición. Bendeciré a los que te bendijeren, y a los que te maldijeren maldeciré; y serán benditas en ti todas las familias de la tierra".

Esta extensión del cristianismo, que va más allá de los judíos, provocó una crisis de identidad en la iglesia. ¿Cuál es la base de la salvación que predicamos? ¿Qué lo hace a uno cristiano? ¿Qué debe hacer uno para ser cristiano? Estas preguntas son importantes para nosotros actualmente.

Gálatas tiene tres actores presentes en el drama: Pablo, los gálatas, y los detractores de Pablo que enseñan otro evangelio.

Pablo, apóstol, no por investidura ni mediación
humanas, sino por Jesucristo y por Dios Padre, que lo
levantó de entre los muertos.
Gálatas 1:1

Tesis: hay un solo evangelio

Jesucristo dio su vida por nuestros pecados

para rescatarnos [librarnos NBLH] de este mundo

malvado, según la voluntad de nuestro Dios y Padre.

Gálatas 1:4

Introducción

En primer lugar, Pablo afirma ser el autor de la carta. También establece que su autoridad para escribirla no surgió de un impulso por iniciativa propia, ni por la dirección de otros humanos, sino por haber sido comisionado por parte de Dios.

En segundo lugar, Pablo nos recuerda la esencia del evangelio.

Tercero, da sus consideraciones fundamentales (capítulos 1:6-10). Después del saludo afirma que algunos de esa iglesia habían abandonado el evangelio de Jesucristo, aunque no se puede abandonar el evangelio de Jesús, porque es el único evangelio (1.7) que hay para la salvación.

Nuestro enfoque debe estar en el evangelio que nos salva y libra, y no en la obediencia a la ley, que nos condena y esclaviza.

Salutación inicial (Gálatas 1:1-5)

"Todo el Evangelio está contenido en Cristo"

- Juan Calvino -

Pablo inicia Gálatas afirmando de sí mismo ser apóstol de Jesucristo y de Dios Padre. Por el argumento en 1:10 y 12 que veremos abajo, algunos trataban de poner su apostolado en duda.

En tiempos recientes este título (apóstol) ha llegado a ser muy popular, considerándolo de autoridad. Históricamente los líderes cristianos evitaron usar ese título para salvaguardar el evangelio.

Muchos de los apóstoles del Nuevo Testamento no reclamaron este título para presentarse. Mateo y Juan no lo aplicaron a sí mismos. No querían distraernos del Apóstol Jesucristo (Hebreos 3:1).

Jesús designó a 12 apóstoles para ser "testigos" de su vida, enseñanza, sufrimiento, muerte, resurrección y ascensión. Los escogió al principio de su ministerio, y los comisionó para ser sus testigos.

Ellos habrían de a ser quienes escribieran el testimonio registrado de la vida de Jesús en el Nuevo Testamento. Si no fuera por este testimonio, no tendríamos un evangelio. El Nuevo Testamento contiene el testimonio de los apóstoles, que registra la actividad de Jesús desde su bautismo hasta su ascensión (Hechos 1:21-22).

Con el advenimiento de los nuevos apóstoles hoy en día, está la pretensión implícita de detentar poder para "agregar" nuevos elementos o hacer una nueva interpretación del evangelio. Esta carta (a los Gálatas) argumenta exactamente lo opuesto. Pablo afirma que "no hay otro evangelio" (1:8-9), y que el evangelio no se puede modificar.

Como es típico de Pablo, inicia con un saludo. Sin embargo, en esta carta el saludo es el más frío de todos los de Pablo porque está muy molesto con el progreso del evangelio en esta iglesia en particular, que no está satisfecha con lo que Jesucristo hizo, pues están buscando añadir más. Cristo no les bastó para ser salvos. Cambiaron la fórmula de la suficiencia de Cristo, por una judaizante.

La suficiencia de Cristo se vería así:

El evangelio = Fe sólo en Cristo. También se podría presentar así: Salvación = Cristo + nada.

Cambio de fórmula: El evangelio falso = Fe en Cristo + obras o cualquier otra cosa.

Es decir, (Salvación=Cristo + nada) contra (Salvación=Cristo + obras).

El evangelio: Jesús murió por nosotros

Me asombra que tan pronto estén dejando
ustedes a quien los llamó por la gracia de Cristo, para
pasarse a otro evangelio.
Gálatas 1:6

Pablo está tan molesto que declara el tema de la carta antes de terminar con las salutaciones normales. "Se dio a sí mismo por nuestros pecados para librarnos de este presente siglo malo" (Gálatas 1:4). Toda la carta desarrolla las consecuencias de esta frase.

Si Cristo se dio a sí mismo por nosotros, no podremos salvarnos a nosotros mismos por ningún otro medio; observar la Ley no nos salva, y tampoco nuestras decisiones y obras, logros o éxito. No hay ninguna otra manera de salvarnos. Jesús es el único camino al Padre. Toda la carta a los Gálatas desarrolla el tema.

Pablo está enojado con los Gálatas porque abandonaron el evangelio de Jesús después de haber creído en él. Ellos añadieron otros requerimientos al evangelio para los creyentes después de su conversión a Cristo. Ahora no sólo tienen que creer en Jesús, sino también obedecer otras leyes.

Por cierto, hasta el día de hoy hay "creyentes" en Cristo que le añaden otros requisitos a la salvación.

La advertencia de Pablo (Gálatas 1:6-10)

Pero, aun si alguno de nosotros o un ángel del cielo les predicara un evangelio distinto del que les hemos predicado, ¡que caiga bajo maldición!
Gálatas 1:8,9

Pablo muestra su enojo con los Gálatas desde el inicio de la carta por su disposición de abandonar el evangelio y regresar a la ley. Los gálatas, que han seguido el consejo de "circuncidarse", han abandonado el evangelio de Jesucristo. Para ésos la salvación no es sólo el resultado de la muerte y resurrección de Jesús, sino la fe en Jesús más las obras (nuestra obediencia a todos los mandatos y reglas para participar en rituales).

Entonces Pablo afirma que si uno predica otro evangelio está bajo maldición, porque no hay otro evangelio. Es como si Pablo lanzara un salmo imprecatorio (maldición) del Antiguo Testamento contra quienes pervierten el evangelio.

Esta afirmación nos enseña que el mensaje es la autoridad y no la persona, sea un ángel, un apóstol o cualquier otro. Este evangelio está definido por Jesús en Lucas 24:44-45 y Pablo lo repite en 1 Corintios 15:1-5. Esto muestra que la máxima autoridad para los cristianos son las Escrituras. Las Escrituras están por encima de todo ángel o apóstol. El mensaje es primero. El mensaje no es acerca de nosotros, sino de Cristo.

Gálatas 1:10 indica que los enemigos de Pablo y su evangelio están acusándole de ser un hipócrita. Pablo, según ellos es un falso maestro que está engañando a los gentiles al decir que no tienen que cumplir la ley y ser circuncidados. Según ellos, Pablo solamente quiere agradar a sus oyentes.

¿Qué busco con esto: ganarme la aprobación humana o la de Dios? ¿Piensan que procuro agradar a los demás? Si yo buscara agradar a otros, no sería siervo de Cristo.

Gálatas 1:10

Primer argumento: La defensa del mensajero del evangelio - Gálatas 1:11-2:21

1.		Esta defensa consiste en la historia de cómo Pablo recibió el evangelio de Jesucristo (1:11-24), y

2.		Cómo su evangelio recibe la aprobación de los apóstoles e iglesia en Jerusalén (2:1-10).

3.		La historia de la confrontación con Pedro muestra que Pablo no trata de agradar a los hombres (2:11-14).

4.		Su motivación de mensajero del evangelio está en 2:15-21.

¿Qué era el judaísmo? ¿Cuál era la diferencia con el cristianismo? Judaísmo: es que hago. Cristianismo: es lo que Cristo hizo por mí. Judaísmo: es ley. Cristianismo: es gracia.

Esto nos lleva a una consideración básica, posible de plantear con las siguientes preguntas: ¿Cómo soy salvo?, ¿Soy salvo porque obedezco a Dios o a sus representantes aquí en la tierra?, ¿Soy salvo por mi oración y/o asistencia a la iglesia?, ¿Soy salvo por tomar la Santa Cena cada vez que se celebra?, ¿Por qué soy salvo?

Tarea: ¿Por qué es necesario que Pablo haga una defensa de su persona para defender su mensaje?

1. La defensa del mensajero, el mensaje y las circunstancias que dieron origen al evangelio de Pablo – Gálatas 1:11-24

Para defender el evangelio de Jesús Pablo tenía que defender su propia persona y ministerio. Un ataque contra Pablo, con el fin de rechazarlo a él y a su mensaje, consistía en decir que era un ministro rebelde, que no tenía autorización para predicar su evangelio.

En respuesta, Pablo declara que recibió su evangelio directamente de Dios, sin la intervención de los otros apóstoles. Es decir, había sido autorizado por Dios para predicar el evangelio.

También afirma que los apóstoles originales aprobaron el mensaje que él predicaba. (Los "apóstoles" de hoy no pueden recibir la aprobación [para su título de "apóstoles"] de los originales, porque murieron hace más de 2000 años.)

Esto también implica que no necesitamos ninguna autorización institucional para predicar el evangelio. La autorización nos viene de las Escrituras mismas. También debemos hacer lo que el Espíritu nos lleve a hacer. No podemos esperar siempre la autorización de los líderes.

2. Los apóstoles aceptan a Pablo y su evangelio (Gálatas 2:1-10)

"Si Cristo sólo provee una parte para nuestra

salvación, dejándonos la tarea de proveer para el resto,

entonces aún estamos sin esperanza, bajo el peso del

pecado."

- J. Gresham Machen -

Tarea: ¿Por qué los cristianos deben defender el mensaje de Cristo con su conducta?

Catorce años después Pablo hace un segundo viaje a Jerusalén junto con Bernabé, para visitar los apóstoles. En esta visita Pablo les explica en detalle el evangelio que estaba predicando a los gentiles. Desde el principio predicar el evangelio a los gentiles era controversial. Este hecho rompe con la tradición judaica de sujetar todo a la ley antes de considerar a una persona como integrante de la comunidad de creyentes. Sin embargo, Pablo indica que el nuevo creyente gentil llega a una participación plena en los asuntos de la iglesia.

Ofrecer una plena participación de los gentiles en la iglesia fue una ofensa para los judíos (Ejercicio: Pedro en Hechos 10:45—48; Pablo en Hechos 13:44--52; 14:1--7; 14:19; 17:1—9; 17:10—15; 18:5—6; 18:27—36; 19:8—9; 21:27—36, 23:12—22).

3. Pablo se opone a Pedro (Gálatas 2:11-14)

¡Gálatas torpes! ¿Quién los ha hechizado a

ustedes, ante quienes Jesucristo crucificado ha sido

presentado tan claramente?

Gálatas 3:1

¿Por qué la acción de Pedro era tan crítica? Hay dos razones de incluir esta confrontación. La primera muestra que, de fondo, la acusación de Gálatas 1:10, de que Pablo trata de agradar a los hombres, no es verdad.

Pero la razón de la confrontación es aún más importante: Pablo cita un ejemplo donde el mensaje de su evangelio fue negado por las acciones de Pedro y sus amigos en una reunión de la iglesia.

Él señaló que Pedro había violado los principios del evangelio cuando dejó de comer con los gentiles, para comer en la mesa de sus paisanos (los judíos). Esta acción indicaba que Pedro consideraba que los de raza judía (por cumplir la Ley) eran superiores a los gentiles en la iglesia.

Este favoritismo violaba la enseñanza de que Cristo había muerto por todos por igual, y no hay necesidad de hacerse judío o israelita para ser parte del pueblo de Dios.

Hay un término aplicado a quienes les decían a los gentiles que debían guardar las leyes judías: "judaizante". Pablo condena a Pedro de judaizar en 2:14, "¿Por qué obligas a los gentiles a hacerse judíos?" También 2:21 tiene la misma idea: "No desecho la gracia de Dios; porque si la justicia fuera por medio de la ley, entonces por demás murió Cristo."

Los favoritismos/hipocresías niegan el evangelio en la iglesia. Pedro negó la naturaleza del evangelio con su comportamiento, discriminando a los no judíos. Nosotros también podemos negar el evangelio con la forma en que llevamos a cabo nuestras reuniones, como sucedió en 1 Corintios 11.17–22.

Tal abuso en Corintios consistía en negar el evangelio. Y nosotros negamos el evangelio al implantar reglas, ritos, clases sociales, raciales o religiosas para celebrar un culto al Señor. Porque no hay otro evangelio, cuya naturaleza es inclusiva para hombre, mujer, libre, esclavo, judío, griego, culto, o ignorante, niño, niña, rico, pobre…

Aquí vemos la importancia de la crítica en la iglesia. Pedro había incurrido en un error. Gracias a la "crítica" y confrontación pública y abierta que le hizo Pablo no seguimos bajo la ley para tener la salvación. Y tenemos un ejemplo de lo importante de hacer una "crítica".

4. **Nosotros (Pablo, Pedro, y Bernabé) hemos puesto nuestra fe en Cristo Jesús. (Gálatas 2:15-21)**

»Nosotros somos judíos de nacimiento y no

"pecadores paganos". Sin embargo, al reconocer que

nadie es justificado por las obras que demanda la ley,

sino por la fe en Jesucristo, también nosotros hemos

puesto nuestra fe en Cristo Jesús, para ser justificados

por la fe en él y no por las obras de la ley; porque por

estas nadie será justificado.

Gálatas 2:15,16

Es curioso que Pablo no invierta tiempo explicando más acerca del incidente entre Pedro y otros, pero toca otros temas de suma importancia… la justificación por la fe. Este cambio se muestra en el texto con el cambio de la primera persona del singular, "yo", a la primer del plural, "nosotros".

Y así incluye a Pedro, Bernabé y, presuntamente, a otros "judíos de nacimiento no ʹpecadores paganosʹ." "…hemos puesto nuestra fe en Cristo Jesús." (2:15 y 16)

La médula de la carta de Gálatas está en esta frase: "ningún hombre es justificado por las obras de la ley sino por medio de la fe en Jesucristo". Pablo no hubiera dicho esto si la gente no pensara que la justificación viene por cumplir la ley. Escucharemos a Pablo regresar a esta frase mientras estudiamos la carta.

Pablo defiende su mensaje. El mensaje de Pablo se resume en el mensaje de su evangelio así: "...no se justificará delante de ti ningún ser humano" (Salmos 143:2 RVR1960).

La justificación por la fe tiene una explicación más amplia que la aplicación dada por Pablo aquí en Gálatas. Hay que ver Romanos para una mejor explicación. Habla de la imposibilidad del hombre para justificarse ante Dios por cualquier medio. El hombre jamás tendrá la capacidad de justificarse delante de Dios.

Sabiendo que el hombre no es justificado por las obras de la ley (Salmo 143:2), sino por la fe de Jesucristo, nosotros también hemos creído en Jesucristo, para ser justificados por la fe de Cristo y no por las obras de la ley, por cuanto por las obras de la ley nadie será justificado (Gálatas 2:16; Gálatas 3:11; Romanos 3:30).

Tarea: ¿Qué significa "justificación"? ¿Qué es la justificación por las obras de la ley? ¿Qué es la justificación por la fe?

La justificación es la manera en que llegamos a estar en una relación correcta con Dios (Romanos 5:1). El problema es que nuestra rebeldía, llamada a veces pecado, nos privó de este buen estado para con Dios.

Ya que sabemos que el hombre no puede ser justificado por ningún medio, estar en una relación correcta con Dios es el mayor problema que tenemos en la vida.

Los sacrificios en el Antiguo Testamento quitaban TEMPORALMENTE el pecado del pueblo y restablecían la salud de la relación con Dios.

La repetición de los sacrificios daba evidencia de su insuficiencia. Dios no quería estos sacrificios debido a que no eran capaces de ponerle fin al pecado.

Tales sacrificios siempre apuntaban al que era y es el sacrificio definitivo: Jesús, el cual lo realizó una vez y para siempre (Hebreos 10:1-10).

La justificación o salvación por la ley, incluye todo lo que hacemos con la intención de recibir la aprobación de Dios por la obediencia.

No se limita a los DIEZ MANDAMIENTOS o las leyes ceremoniales, o a las 613 leyes escritas en los libros de la Ley. El problema va mucho más allá de cumplir con la Ley. Romanos 14:23 enseña que todo lo que no procede de la fe es pecado. Esto rebasa el puro hecho de obedecer un reglamento. Significa que aun cuando se obedezca a la Ley, si no se le cree a Dios, se está pecando.

Conclusión: Por las obras de la ley nadie será justificado.

Algunos están acusan a Pablo, quien anuncia la salvación sin cumplir las demandas de la ley, de permitir que los cristianos pequen. Según ellos, esto hace que "Cristo sea ministro de pecado" (2:17).

Pablo les contesta diciendo que en primer lugar si uno dice que la salvación es por gracia, a fin de cuentas, no puede decir que la salvación es por obras. Este es un mensaje completamente absurdo. No se puede destruir algo y luego usar lo que ha sido destruido.

En este argumento, del versículo 18, Pablo cambia a la primera persona del singular, "yo". Y el versículo 20 es casi un canto de gloria: "Con Cristo he sido juntamente crucificado; y ya no vivo yo, sino que Cristo vive en mí. Lo que ahora vivo en la carne, lo vivo por la fe en el Hijo de Dios quien me amó y se entregó a sí mismo por mí". Y "No desecho la gracia de Dios; porque si la justicia fuera por medio de la ley, entonces por demás murió Cristo."

"… pues ante ti nadie puede alegar inocencia."

Salmo 143:2

Segundo argumento: Defensa del mensaje del evangelio. Capítulos 3 y 4

Tarea: ¿Cómo podemos usar la Escritura en defensa del evangelio?

1.   **Fe y obediencia a la Ley (Gálatas 3:1-14)**

Pablo muestra su extremo enojo con los Gálatas por haber abandonado a Cristo con las preguntas que inician el capítulo 3:1 a 5:

La defensa del evangelio empieza con un reclamo muy fuerte "¡Oh Gálatas insensatos (Gk ESTUPIDOS), ante cuyos ojos Jesucristo fue presentado como crucificado!" Este versículo también afirma que "Cristo crucificado" fue claramente presentado ante ellos.

La pregunta planteada por Pablo para nosotros es, ¿qué tan claramente entendemos la persona y obra de Cristo a nuestro favor?, ¿Cómo podemos presentarles a Cristo a nuestros amigos para que realmente comprendan quién es él y qué ha hecho a nuestro favor?

"¿Recibieron el Espíritu por las obras del de la ley o por haber oído con fe? (Gálatas 3.2) El apóstol confronta a los gálatas:

¿TAN INSENSATOS SON? Habiendo comenzado con el Espíritu, ¿ahora terminarán con la carne? (Gálatas 3:3)

¿Tantas cosas padecieron en vano, si de veras fue en vano? (Gálatas 3:4)

Entonces, el que les suministra el Espíritu y obra maravillas entre ustedes, ¿lo hace por las obras de la ley o por el oír con fe? (Gálatas 3:5)

Pablo diferencia dos opciones: a. de creer/confiar en el Jesús crucificado o b. de creer/confiar en nuestra capacidad de obedecer. Subraya los tres contrastes arriba.

Enfrentamos la misma pregunta hoy. ¿Cuál es la base de nuestra fe? ¿De dónde arrancamos en la vida cristiana? ¿En A, creer? ¿O en B, la obediencia?

Después de haber comenzado con el Espíritu, ¿pretenden ahora perfeccionarse con esfuerzos humanos?

Me pregunto: ¿Qué es lo que me motiva a seguir a Dios? ¿El miedo de perder mi relación con él o el amor y deseo de agradarle? Una de estas dos cosas va a dominarme.

Esto nos regresa a ser salvos por nuestro esfuerzo o a ver el servicio a Dios como respuesta a… él me ha amado y yo lo amo porque su Espíritu derramó su amor en mí para que yo lo ame. ¿Estoy sirviendo por obligación o por gratitud, adoración y amor?

En el legalismo (los judaizantes) nos atraen a "reglas concretas", más que a un sencillo "creer". Estas "reglas" no requieren entendimiento, comprensión ni discernimiento. No nos conducen a una relación con Jesús.

Sin embargo, más que una obediencia ciega, debemos tener una relación de confianza. La obediencia nos centra en nuestra conducta, mientras la fe nos centra en Jesús y en todo cuanto él hizo por nosotros.

2. Abraham: el comienzo de la fe

Pablo empieza el argumento teológico con Abraham. "Abraham creyó a Dios y le fue contado por justicia" (Génesis 15:6).

Abraham es considerado como "justo", y recibe su justicia como un regalo, como resultado de su fe en Dios. No hay mención de obedecer la ley en Génesis, pues no hay ley hasta 430 años después (Gálatas 3:17).

Hijos de Abraham

"...los descendientes de Abraham son los que

viven por la fe."

Gálatas 3:7

Para nosotros la justicia también es un regalo que recibimos por creer en Dios. "…los que son de la fe" tienen la misma relación con Dios que Abraham: "…son hijos de Abraham." (Gálatas 3:7)

Abraham fue salvo por poner su fe en Dios. Cuando creemos en Dios tenemos la misma relación, la misma salvación, la misma promesa, la misma bendición. Somos parte de la familia de fe.

Pablo remarca la idea que "los de la fe" son bendecidos con Abraham, citando que Dios le dice a Abraham en Génesis 12:1—3: Entonces el SEÑOR dijo a Abram: "Vete de tu tierra, de tu parentela y de la casa de tu padre, a la tierra que te mostraré. Yo haré de ti una gran nación. Te bendeciré y engrandeceré tu nombre, y serás bendición. Bendeciré a los que te bendigan, y a los que te maldigan maldeciré. Y en ti serán benditas todas las familias de la tierra". Entonces, el cumplimiento de la promesa a Abraham: "en ti serán benditas todas las familias de la tierra" (Génesis 12:3) se encuentra en los que viven por la fe.

La obediencia a ciertas reglas no requiere que uno "crea en" o "conozca" al Señor. Entonces es fácil cumplir con las obligaciones religiosas aun sin entenderlas.

> *"… los que viven por la fe son bendecidos junto*
> *con Abraham, el hombre de fe."*
> *Gálatas 3:9*

Maldición

*Todos los que viven por las obras que demanda
la ley están bajo maldición, porque está escrito:
«Maldito sea quien no practique fielmente todo lo que
está escrito en el libro de la ley».*
Gálatas 3:10

La siguiente parte del argumento de Pablo consiste en explicar que la ley nos trae una maldición porque nadie puede cumplirla. "NADIE practica fielmente todo lo que está escrito en el libro de la ley." Y por eso en Gálatas 2:16 dice que "ningún hombre es justificado por las obras de la ley" … "Porque por las obras de la ley nadie será justificado."

Es imposible ser justificados por las obras. Eso sería equivalente a regresar al antiguo pacto en lugar de creer en Jesús.

PERO Cristo tomó nuestra maldición sobre sí mismo y de esa manera nos dio su libertad. Cuando creemos (Juan 20:30-31) en Cristo somos justificados. Esta es la única manera en que podemos ser justificados (Habacuc 2:4, ve abajo).

Cuando Jesús murió en la cruz, tomó la maldición que nosotros (judíos y gentiles) merecíamos, y cumplió la sentencia al morir. Este castigo es el que menciona Deuteronomio como la maldición de la ley.

Cristo se hizo maldición por nosotros para que la bendición de Abraham llegara a los gentiles. Y no solamente la bendición, sino que el Espíritu también llegaría a nosotros por medio de la fe.

Cristo nos redimió de la maldición de la ley al hacerse maldición por nosotros (porque está escrito: Maldito todo el que es colgado en un madero[f]), 14 para que la bendición de Abraham llegara por Cristo Jesús a los gentiles, a fin de que recibamos la promesa del Espíritu por medio de la fe (Gálatas 3:13—14 RVA).

En Efesios 2:11—22, Pablo afirma que el muro de separación entre judíos y gentiles ha sido derribado. Ya no hay una separación, somos un solo pueblo en Jesús.

"Cristo nos rescató de la maldición de la ley."
Gálatas 3:13

El justo por la fe vivirá

Así sucedió, para que, por medio de Cristo
Jesús, la bendición prometida a Abraham llegara a las
naciones (Génesis 12:1—3), y para que por la fe
recibiéramos el Espíritu según la promesa.
Gálatas 3:14

Habacuc 2:4 no sólo explica que somos justificados por la fe; pues va más allá al describir que la condición de no creer, es la de ser orgulloso. En otras palabras, la persona autosuficiente rechaza a Dios porque confía en sus propias habilidades, descansa en sus esfuerzos, y se basa en sus obras.

Noten bien, el contexto en Habacuc indica su falta de confianza en Dios en 1:1—4 y 1:12—2:1. Después de escuchar la respuesta de Dios (2:2—10), y ver los ejemplos de orgullo, Habacuc responde con una afirmación de su confianza en Dios en el capítulo 3. Habacuc no responde prometiendo que va a permanecer fiel a Dios. Su respuesta es de confianza absoluta en Dios y su justicia (Habacuc 3:16—19).

Muchas veces pensamos que dudar es lo opuesto de la fe, pero Habacuc enseña que lo opuesto a la fe es el orgullo.

Ahora bien, es evidente que por la ley nadie es
justificado delante de Dios, porque «el justo vivirá por
la fe".
Gálatas 3:11

3.   La ley y la promesa (Gálatas 3:15-29)

"Es mejor el pecado que humilla, que el deber

que me enorgullece."

- Thomas Watson -

Aquí tenemos una reflexión de Pablo, hablando como si fuera abogado. Él encuentra en el Antiguo Testamento un pacto o testamento que precisa la relación entre el hombre y Dios. Pablo se refiere al pacto, aunque no use la palabra; está en el versículo 3:6, donde menciona que Abraham creyó a Dios y le fue contado por justicia.

El origen de este texto está en Génesis 15, donde registra la solemnización del pacto de Dios con Abraham. Este pacto se celebraba mediante una ceremonia. En ese tiempo, el rey vencedor obligaba al jefe vencido a jurar lealtad mediante un pacto. El rey vencido caminaba entre animales partidos. Esto era un símbolo de lo que pasaría con los vencidos si rompían el pacto. Ellos iban a ser muertos/partidos como los animales de la ceremonia.

Lo extraño de la historia de Génesis 15 es que Abraham no fue quien caminó entre los animales, pues se durmió, y Dios, representado por una antorcha, pasa entre los animales. ¡Entonces, era Dios quien iba a ser partido si no se cumplía el pacto! (Génesis 15:9—21, ver apéndice).

Esta manera de solemnizar el pacto se encuentra también en Jeremías 34:8—22. En este lugar habla de la solemnización de un pacto que juraron los dirigentes políticos de Judá, que no se cumplió. Jeremías explica que Dios los responsabiliza por su "juramento".

En Jeremías los líderes que pasaron entre los animales bajo juramento tenían que ser "partidos" como los animales si no cumplían el pacto. Y Dios los partió con la conquista de Nabucodonosor. Es decir, si el pacto que Dios hizo con Abraham se rompiera (y fue roto), Dios tendría que ser "partido".

Jesús toma la responsabilidad por el pacto que Dios hizo en Génesis 15, asumiendo la maldición por nosotros (Gálatas 3:10—14). Cristo asumió la maldición con el propósito de que la bendición de Abraham llegara a los gentiles y también recibieran el Espíritu.

Esto significa que los que creen en Jesús son hijos de Abraham. Esto cambia la definición del pueblo de una descendencia física a un pueblo de fe. Como pueblo de fe tiene la misma relación con Dios que tuvo Abraham.

En el versículo 16, Pablo considera el valor de las definiciones precisas, que implica si una palabra es singular o plural en el texto original (Génesis 12 y 15). Lo cual implica que debemos interpretar la Biblia con la misma precisión.

La palabra descendiente en el original es singular. Sólo hay un heredero, Cristo. Todas las promesas sólo son para él y no para el pueblo de Israel.

También en 2 Corintios 1:19 y 20...

"Porque Jesucristo, el Hijo de Dios, que ha sido predicado entre ustedes por nosotros (por mí, por Silas y por Timoteo), no fue "sí y no"; más bien, fue "sí" en él. Porque todas las promesas de Dios son en él "sí" y, por tanto, también por medio de él decimos "amén" a Dios, para su gloria por medio nuestro."

La herencia no puede establecerse con base en dos principios opuestos: la promesa con base en la fe, o la Ley que demanda obediencia. Estos principios son mutuamente excluyentes. Tiene que ser lo uno o lo otro. La pregunta, entonces, es: ¿cómo se llega a participar en la promesa?

Esto, pues, digo: El pacto confirmado antes por Dios no lo abroga la ley, que vino cuatrocientos treinta años después, para invalidar la promesa. Porque si la herencia fuera por la ley ya no sería por la promesa; pero a Abraham Dios le ha dado gratuitamente la herencia por medio de una promesa. Gálatas 3:17—18 RVA

Con este argumento es lógico preguntarnos, "¿Entonces para que servía la ley? Pareciera que la ley está en contra de los propósitos de Dios." Pablo mismo suscita estas preguntas. "Entonces, ¿para qué sirve la ley? (3:19) Pablo responde que la ley fue añadida por causa de nuestras transgresiones hasta que Cristo, la simiente, llegara. Y "… ¿está la ley en contra de los propósitos de Dios?" En ninguna manera, porque la ley nunca pudo vivificar al pecador. Mas la Escritura lo encerró todo bajo pecado, para que la promesa que es por fe en Jesucristo fuese dada a los creyentes. (3:22)

Pablo concluye su argumento aclarando que la Ley jamás fue una propuesta de salvación (Gálatas 3:21). Más bien, la presenta como un tutor establecido 430 años después para encerrar todo bajo el pecado y llevarnos a Cristo (Gálatas 3:21-22; Romanos 11:32).

Pero antes que viniera la fe estábamos custodiados bajo la ley, reservados para la fe que había de ser revelada. Gálatas 3:23

También en Romanos Pablo contesta que todo hombre está bajo pecado "todos están sujetos a la desobediencia, con el fin de tener misericordia de todos" (Romanos 11:32, y ver Romanos 3:19—20).

Para hacer un contraste más claro, hacemos una tabla donde ponemos de un lado a quien sirve a la ley, y en el otro las referencias correspondientes a Cristo.

	¿**Para qué sirve la ley?**	Referencias a **Cristo**
3:19	Añadida a causa de las transgresiones,	Hasta la llegada de la simiente (Cristo)
3:22	La Escritura (ley) lo encerró todo bajo pecado	Para que la promesa (Cristo) fuese dada a los creyentes
3:23	Antes, estábamos confinados bajo la ley, encerrados	Para la fe que iba a ser revelada (en Cristo)
3:24	La ley ha sido nuestro ayo (guía)	Para llevarnos a Cristo
4:2	Bajo tutores hasta	el tiempo señalado por el Padre
4:3-5	Niños en esclavitud bajo los rudimentos del mundo	A fin de que recibiésemos la adopción de hijos.

La función de la ley es de ayo (tutor o guía), para enseñarnos que no podemos salvarnos a nosotros mismo y tenemos la necesidad de Cristo y su justicia. La ley subraya nuestra necesidad de justicia, porque no somos justos.

Vemos muchas propuestas con proyectos de leyes para solucionar los problemas del hombre. Pero los proyectos de leyes requieren hombres que puedan cumplir lo que la ley señala.

Resumen hasta este punto: La Ley tenía todas las desventajas en sí misma. La principal consistía en que si uno no cumplía cuanto ella exigía, estaba bajo condenación. Nadie es lo suficientemente justo como para evitar estar bajo la condena y el juicio de las demandas de la Ley. Todos estábamos condenados, lo cual significaba que todos estábamos bajo maldición (Gálatas 3:10). En realidad, nuestra condición espiritual es de maldición si nos sujetamos a la Ley, si damos la espalda a Cristo y añadimos cualquier otra cosa a lo que él ha hecho.

Cristo cumplió absolutamente todas las demandas de la Ley (la obedeció en todo), tal como el inocente que toma nuestro lugar; es decir, fue un sustituto por nosotros en la cruz (Gálatas 3:13). Su muerte fue vicaria, murió en nuestro lugar, sufrió el castigo, juicio, maltrato, maldición y muerte que eran nuestros. Esto ocurrió siendo aún pecadores (Romanos 5:8). Cristo no murió por inocentes, sino por culpables.

El guardar la Ley no justifica a nadie (Gálatas 2:16). Por eso Abraham y los creyentes son justificados por la fe y no por las obras de la Ley.

Tenemos la misma entrada, de la misma clase, que nos permite relacionarnos con Dios: el creer (Gálatas 3:6 y 9). Pablo también explica que, si tenemos fe en Cristo, somos descendencia de Abraham y herederos según la promesa (Gálatas 3:29).

El propósito de la venida de Cristo fue que las promesas de Dios hechas a Abraham fueran accesibles a los gentiles o a todas las naciones (Génesis 12:1—3; Gálatas 3:14 y Efesios 2:11–22).

Si este es el mensaje del evangelio, no puede haber discriminación en la iglesia porque todos somos iguales de pecadores antes de conocer a Cristo (¡y también después!). La discriminación entre cristianos es una negación del evangelio (Gálatas 3:29).

Todos los que creen en la promesa son hijos de Dios y herederos de la promesa que Dios le dio a Abraham. En la iglesia o en el Reino de Dios, los gentiles no somos ciudadanos de segundo nivel, ni una raza de segunda clase o una casta inferior.
Esta es la parte del evangelio que justamente Pedro estaba negando cuando sólo comía con los judíos. Estaba poniendo su raza como superior a los otros. El mensaje del evangelio se extiende a judíos, gentiles, hombres y mujeres, esclavos y libres, jóvenes y ancianos. Nadie tiene mayor herencia que los hijos de Dios. Todos la tienen, de manera universal y global.

Tarea: ¿Qué cambios resultan en mis relaciones con Dios y los hombres como resultado del evangelio?

4. **Una vez esclavos, ahora hijos (Gálatas 4:1-7)**

"Yo peco continuamente, pero Cristo ha muerto y vive para siempre como mi redentor, sacerdote, abogado, y rey."

- Martín Lutero -

Pablo usa un ejemplo de la cultura de los Gálatas para mostrar la relación de la ley/esclavos y fe/hijos.

Somos esclavos de los principios o rudimentos de este mundo. No tenemos otra opción. La única posibilidad de llegar a ser más es por Jesucristo. Por medio de él podemos ser herederos de Dios.

Cristo nos dejó su herencia cuando murió en la cruz. Esta herencia nos da el derecho de ser adoptados como hijos de Dios (Gálatas 4:5). Hijos con pleno derecho a recibir la herencia dejada por él en su Testamento, es decir, el Nuevo Pacto que Jesús hizo al morir (Lucas 22:20), con su iglesia o pueblo.

Puesto que ya somos hijos, no debemos vivir como esclavos. Ahora, como cristianos, tenemos una relación con Dios, tenemos una relación con él, como resultado de ser "hijos de Dios", esta relación no puede ser superada por ninguna otra.

Pablo hace una comparación entre judíos y cristianos. Plantea que la relación bajo el Nuevo Pacto es tan superior, como la relación de un esclavo a la de un hijo (ver Hebreos). No debemos subestimar nuestra relación con Dios bajo la gracia.

Termina esta sección con una apelación al Espíritu. "Dios envió a vuestros corazones el Espíritu de su Hijo, el cual clama: ¡Abba, Padre! Así que ya no eres esclavo, sino hijo; y si hijo, también heredero de Dios por medio de Cristo" (Gálatas 4:6-7).

5.   **Pablo y los Gálatas (Gálatas 4:8-20)**

Pablo regresa su argumento a su relación con los gálatas.

Primero les hace recordar que antes, ellos eran esclavos de los que no son dioses (4:8), pero afirma que ahora son conocidos por Dios. ¿Por qué desean ser esclavos de nuevo? ¿Esclavos de días, meses, estaciones, y años?

Pablo teme haber trabajado con ellos en vano (4:11)

No han ofendido personalmente a Pablo. "No me han hecho ningún agravio." Pablo llegó a ellos por estar enfermo. Pero a pesar de esto le hicieron caso.

Ellos habían sido sus amigos, de ésos que alguna vez estuvieron dispuestos a hacer cualquier cosa por él, pero los enemigos del evangelio (los judaizantes) los convirtieron en enemigos de Pablo.

No llegaron a ser enemigos por algo que Pablo les hubiera hecho, sino por la cizaña de los judaizantes, que habían enseñado, como enemigos del evangelio, que las enseñanzas de Pablo estaban mandando a la gente al infierno, por no estar enfocadas en obedecer la Ley. Eso era lo que molestaba a Pablo. Sin embargo, a pesar de eso, el apóstol afirma su relación con los gálatas. Los confronta: "¿A poco me he hecho su enemigo por haberles dicho la verdad?" (Gálatas 4:16).

Termina esta sección con un llanto de ternura y amor:

Hijitos míos, por quienes vuelvo a sufrir dolores de parto hasta que Cristo sea formado en ustedes, yo quisiera estar ahora con ustedes y cambiar el tono de mi voz porque estoy perplejo en cuanto a ustedes. Gálatas 4:19-20.

6.   Isaac e Ismael, o Agar y Sara (Gálatas 4:21-31)

Díganme los que quieren estar bajo la ley: ¿No escuchan la ley? (4:21)

Tarea importante: Para captar el significado debemos leer estos versículos e indicar las palabras "libre" y "esclava". Esto nos da un trasfondo para entender la libertad que tenemos en capítulo 5.

Pablo cierra su argumento en defensa del verdadero evangelio con un ejemplo de la vida de Abraham. Las dos mujeres, Agar y Sara (Génesis 16 y 21), y los dos hijos, son una alegoría o una representación. Pablo es la fuente de esta representación. El Espíritu le reveló a Pablo lo que las mujeres representaban. Agar representa a la Ley, y Sara representa a los que nacen de la fe. Isaac era fruto de la promesa e Ismael de la ley.

Abraham recibió un hijo basado en la promesa que Dios les había hecho a él y su esposa Sara. Este hijo, Isaac, vino después de la promesa que se le había dado a Abraham, quien incluso llegó a dudar de que Dios pudiera cumplirla, debido a la edad (y esterilidad) de Sara.

Sara, cansada de esperar el cumplimiento de la promesa, le quiso ayudar a Dios para cumplirla, y eso causó mucho desorden en la vida de Abraham.

Sara, en cierta manera, era la más desesperada de los dos, y le propuso a Abraham que tuviera un hijo con su esclava Agar, quien dio a luz a Ismael. La relación de este hijo con Abraham representaba al hijo legal, mientras que Isaac representaba al hijo de la promesa, quien habría de nacer por la fe, no por el esfuerzo ni las capacidades humanas.

Al hacer esta representación Pablo enseña que la relación legal con Dios es muy distinta que la de la promesa. La relación por la promesa (Génesis 12:1-3) incluye a los gentiles en el pueblo de la promesa.

La base de la promesa, que es por fe, es decir, cuando creemos en la promesa, somos como Abraham, y Dios nos cuenta "la fe como justicia". Igual que Abraham, no somos hijos por nuestra propia "perfección", sino por la "perfección" de Jesús.

Los que tienen una relación "legal" con Dios, de acuerdo con esta alegoría, deben tener mucho cuidado, porque los hijos, fruto de la Ley, son echados fuera, mientras que los hijos por fe son los verdaderos herederos.

La fe enfoca y centra nuestra vida en Jesús. La Ley enfoca y centra la vida en nosotros mismos. Hebreos 12:1-4 enseña que la manera de vivir la vida cristiana consiste en mantener nuestros ojos puestos en Jesús.

Fijemos la mirada en Jesús, el iniciador y perfeccionador de nuestra fe, quien por el gozo que le esperaba, soportó la cruz, menospreciando la vergüenza que ella significaba, y ahora está sentado a la derecha del trono de Dios (Hebreos 12:2).

¿Vieron tantas veces las palabras "libre" y "esclavo" están repetidas en esta sección? Libertad es la palabra clave en la siguiente sección.

Tercer argumento: cómo vivir a la luz del evangelio. Capítulos 5 y 6

Tarea: ¿Cómo vivimos a la luz del evangelio?, ¿Qué es la libertad cristiana?, ¿Cómo podemos vivir en libertad, sin negar la obra de Cristo? Una acusación levantada contra los cristianos es que reprimen a las personas.

Describe la manera en que te lo han reprimido a ti. Y segundo, ¿qué podemos hacer para que la gente no nos acuse de reprimir a otros?

¿Qué harías si tuviera una libertad absoluta sin ninguna consecuencia negativa?

¿Qué significa "caer de la gracia"? Según Pablo, ¿cómo caemos de la gracia?

1.   Libertad en Cristo (Gálatas 5:1-12)

Pablo afirma aquí (Gálatas 5:1) sus conclusiones hasta este punto. Cristo murió para hacernos libres. Nuestra teología no debe esclavizarnos de nuevo a la Ley. Cristo nos libertó para que vivamos en libertad. Por lo tanto, manténganse firmes y no se sometan nuevamente al yugo de la esclavitud.

Pablo marca la diferencia entre el mensaje, (capítulos 1:11- y 4:31) la práctica (capítulo 5 y 6): Si podemos vivir en libertad fue por que Cristo nos hizo libres. También Colosenses 2.22-23 dice que, si nos sometemos a la Ley, eso no nos va a ayudar a resistir las tentaciones de la carne.

Esto indica la actitud que debemos tener como hijos de Dios en nuestro diario vivir. Si no somos libres, no somos hijos, pero no debemos usar nuestra libertad para vivir de manera libertina, licenciosa o inmoral.

Apelación final del argumento de Pablo (Gálatas 5:2-12)

Después de hacer su afirmación de libertad, "Cristo nos libertó para que vivamos en libertad (Gálatas 5:1), Pablo explica la razón por lo cual los cristianos no deben circuncidarse, "si os circuncidáis" (o cualquier otra forma de buscar la aprobación de Dios por medio de cumplir las costumbres judaicas), "de nada aprovechará Cristo".

Si buscamos justificarnos por la ley, quiere decir que siempre tendremos que cumplir con la ley para la aprobación con Dios. Pablo ha demostrado que esta es una tarea imposible.

5:3 Pablo indica que si uno se somete a la Ley (simbolizada por la circuncisión), está obligado a cumplirla toda. La Ley obliga a salvarse a sí mismo por la obediencia. Si no cumple con una obediencia al 100%, está condenado sin ninguna posibilidad de ser salvo. Pero luego agrega una frase muy importante:

"De Cristo se han separado, ustedes que procuran ser justificados por la ley; de la gracia han caído" (Gálatas 5:4).

En Gálatas 5:4 Pablo dice que si intentamos justificarnos a nosotros mismos por la obediencia a la Ley ya nos somos cristianos. "De Cristo se han separado, ustedes que procuran ser justificados por la Ley; de la gracia han caído" (Gálatas 5:4). Una advertencia, si la perfección o santidad se consigue por obedecer La ley, eso significa abandonar a Cristo, darle la espalda (Romanos 10:3-4). Pablo difiere de nosotros que pensamos que no cumplir con la ley causa nuestra "caída de la gracia", pero aclara que nuestro esfuerzo por mantener nuestra salvación cumpliendo la ley es abandonar a Cristo y caer de la gracia. ¿Dependemos de Cristo o dependemos de nosotros mismos?

Porque nosotros por el Espíritu aguardamos por la fe la esperanza de la justicia. Pues en Cristo Jesús ni la circuncisión ni la incircuncisión valen nada sino la fe que actúa por medio del amor (Gálatas 5:5—6). Es demasiado fácil que enfaticemos cosas que no tienen nada que ver.

Pablo indica que lo único de valor es la esperanza de la justicia en Cristo y la fe que actúa en amor. Ver Romanos 10:3; Isaías 64:6.

Por lo tanto, si estoy obedeciendo la Ley para salvarme, entonces ya no dependo del sacrificio de Cristo para mi salvación. Con obedecer la Ley estoy negando que Jesús murió en mi lugar. En tal situación uno pasa todo su tiempo buscando ser salvo por su propia obediencia, no goza la vida cristiana y, como resultado, niega a Cristo, su sacrificio, perdón y salvación.

¿Quién los estorba para no obedecer a la verdad? (5:7) Un poco de levadura fermenta toda la masa. (5:9) ¡Ojalá se mutilasen los que os perturban! (5:12). …Estos son los instigadores, los judaizantes.

Conclusión en cuando a la ley: ¡Ojalá que esto instigadores acabaran por mutilarse del todo!

2. El Espíritu de justicia - (Gálatas 5:13-6:10) - El amor

¿Qué es la libertad cristiana? (Gálatas 5:13-15)

Pablo también indica que la libertad no es para ser usada para seguir una vida de pecado (Gálatas 5:13), sino para agradar a Dios. La libertad no se vive para "cumplir los deseos de la carne", sino para agradar a Dios. No debemos engañarnos a nosotros mismos. ¿Qué es lo que realmente queremos hacer?, ¿Pecar o agradar a Dios?

Porque toda la ley en esta sola palabra se cumple: Amarás a tu prójimo como a ti mismo (5:14).

Jesús: Un mandamiento nuevo os doy: Que os améis unos a otros; como yo os he amado, que también os améis unos a otros. En esto conocerán todos que sois mis discípulos, si tuviereis amor los unos con los otros. (Juan 13:34,35)

Ojo: Pero si os mordéis y os coméis unos a otros, mirad que también no os consumáis unos a otros. (5:15). Esta advertencia se junta con el de 5:26: No nos hagamos vanagloriosos, irritándonos unos a otros, envidiándonos unos a otros.

Las relaciones entre cristianos (Gálatas 5:16-6:10)

La verdadera espiritualidad (Gálatas 5:16-25)

Debe ser fácil saber la diferencia entre vivir para la carne y vivir para el Espíritu; pero por si tuviéramos dudas Pablo aclara todo proporcionando una lista que define los rasgos de vivir para cada área. La verdadera espiritualidad es la relación entre los hermanos.

La vida cristiana consiste en andar en el Espíritu, y no satisfacer los deseos de la carne (Gálatas 5:16).

Pablo manifiesta su preocupación por la conducta cristiana. Ve el peligro de que los cristianos usen su libertad "para las obras de la carne", pero no propone un regreso a la Ley, sino una vida llena del fruto del Espíritu. De hecho, afirma que quienes viven guiados por el Espíritu NO ESTÁN BAJO LA LEY.

Desde este punto Pablo define lo que es la "obra de la carne": adulterio, fornicación, inmundicia, lascivia, idolatría, hechicerías, enemistades, pleitos, celos, iras, contiendas, disensiones, herejías, envidias, homicidios, borracheras, orgías y cosas semejantes a estas. Estas prácticas indican que las persona no heredarán el Reino de Dios. Son cosas que practican a propósito y tal vez hasta con orgullo, así muestran que no son cristianos.

Cuando nacemos de nuevo tenemos el gozo de ser salvos, el deseo de agradar a Dios por la salvación recibida de su parte. En otras palabras, tenemos "el fruto del Espíritu" en nuestras vidas.

Nuestras vidas deben estar en solidaridad con Jesús en su lucha contra el pecado (Romanos 61—23), lo cual no quiere decir que practicamos los deseos de nuestra naturaleza pecaminosa, porque esta naturaleza murió en la cruz.

El cristiano refleja su nueva relación con el Espíritu. Tiene una nueva vida espiritual ya que es nacido del Espíritu. El Espíritu produce fruto (resultados) en la vida del creyente. Pablo nos da una lista de los rasgos de la nueva vida: amor, gozo, paz, paciencia, benignidad, bondad, fe, mansedumbre, y templanza.

El creyente muestra estas características no por miedo, sino por una nueva relación o tranquilidad que tiene con Dios. Ya recibe el amor y paz de Jesús, sin pelear con Dios por su propia importancia; no refleja su propio orgullo o superioridad sobre los demás.

Como Cristo murió para destruir el pecado (toda nuestra rebeldía), el cristiano también, en solidaridad con Cristo crucifica su propia carne con sus deseos y pasiones. Si somos de Cristo, somos guiados por el Espíritu y nuestra vida es por el Espíritu y olvidamos la vanagloria y la envidia los unos a los otros.

La ayuda mutua Gálatas 6:1—10

Los gálatas deben haber sido tremendos. Pablo los describe en 6:1-10.

6:4: Cada uno debe examinarse a sí mismo. No fuimos llamados para andar criticando a otras personas. Pablo aplica este principio a sí mismo en 1 Corintios 4:1-5. Hemos sido llamados a cuidarnos a nosotros mismos.

6:5: Cada uno debe llevar sus propias cargas. No fuimos llamados a ser dependientes de otros cristianos sino a ayudar a otros. (1 Tesalonicenses 4:9—10).

Pablo muestra que, aun sin vivir bajo la Ley se sostiene una lucha contra el pecado. El pecado tiene consecuencias negativas para nosotros aun cuando no estemos bajo la Ley.

Sembrar y cosechar (Gálatas 6:6-10)

Se debe compartir toda buena cosa con los que enseñan. Uno de los problemas que tenemos hoy es que hay muy pocos maestros dedicados a la investigación y enseñanza. Esto da como resultado que no hay cristianos y pastores con una buena formación.

Ser maestro cristiano no es económicamente viable por el riesgo de tener escasos o ningún ingreso. Al desobedecer las instrucciones de Pablo la iglesia se debilita.

Pablo indica que debemos seguir sus enseñanzas, porque lo que sembremos, eso cosecharemos. Puede ser que seamos libres, pero la libertad tiene consecuencias.

Cuando pecamos estamos sembrando para destrucción. Debemos vivir para la vida eterna por el Espíritu. La libertad es para construir para la vida eterna (1 Corintios 3). NO SE CANSEN DE HACER EL BIEN.

3.   Resumen: La esencia de la fe cristiana (Gálatas 6:11-18)

"¿Qué mayor desacato a Dios, que el de no

creer en su promesa?"

- Martín Lutero -

Pablo agrega un pequeño apéndice a la carta a los Gálatas. Aparentemente dictó Gálatas a un secretario, pero escribió Gálatas 6:11-18 de su propio puño y letra. Quizás lo hizo para afirmar que la carta era auténtica, dejando el sello de su firma.

Recuerden que ni la circuncisión, ni la incircuncisión son importantes, sino ser una nueva creación en Cristo. Es casi un resumen de la carta.

Muchas veces nos evaluamos con las normas del mundo, pero siempre debemos vernos a la luz de las Escrituras.

Saludos finales – Bendición

Apéndice 1

Textos clave del Antiguo Testamento que usa o cita Pablo en el libro de Gálatas

Salmo143:2 à Gálatas 2:16

"Pero no me juzgues con dureza,

pues ante ti nadie puede justificarse."

Génesis 15:6 à Gálatas 3:6

Y Abran creyó al Señor, y eso le fue contado por justicia.

Dios y la antorcha Génesis 15 à Gálatas 3:6

Habacuc 2:4 à Gálatas 3:11

Aquel cuya alma no es recta, es arrogante; pero el justo vivirá por su fe.

Deuteronomio 21:23àGálatas 3:13

No dejen que su cuerpo se quede en ese árbol toda la noche. Lo enterrarás ese mismo día, porque quien es colgado de un árbol está bajo la maldición de Dios. No contamines la tierra que el Señor tu Dios te da en posesión.

Doctrina y las Escrituras

Génesis 15 nos enseña mucho acerca de la justificación por fe y cómo era necesario que Jesús muriera por nosotros. Cuando vemos la Biblia como un todo, es decir, cuando vemos la contribución de muchos textos, los podemos usar para ilustrar la doctrina y su importancia para nosotros.

Encuentro con Dios

Este es uno de los pocos encuentros directos entre Dios y el hombre en la Biblia. En el Antiguo Testamento algunos de los encuentros con Dios los tuvieron Moisés, Josué, Gedeón, Samuel, Isaías y Jeremías. Abraham es uno de los que más tiene, pues con él se registran cinco: 1. Su llamado (Génesis 12:1-3), 2. El pacto con Dios (Génesis 15); 3. La promesa de un hijo (Génesis 17); 4. La negociación para la salida de Lot, (Génesis 18); y 5. El sacrificio de Isaac (Génesis 22).

Génesis 15 nos aclara el mensaje del evangelio quizás mejor que cualquier otro. Responde a la pregunta: ¿Cómo puede el hombre ser justo a los ojos de Dios? Esta pregunta es la base para todo el mensaje de la Biblia.

Antes de explicar este texto vamos a responder a la pregunta: ¿Cómo piensas que puedes ser justificado delante de Dios?

Génesis 15: Después de estas cosas la palabra del SEÑOR vino a Abram en visión, diciendo: "No temas, Abram, Yo soy un escudo para ti; Tu recompensa será muy grande." Y Abram dijo: "Oh Señor DIOS, ¿qué me darás, puesto que yo estoy sin hijos, y el heredero de mi casa es Eliezer de Damasco?"

Dijo además Abram: "No me has dado descendencia, y uno nacido en mi casa es mi heredero." Pero la palabra del SEÑOR vino a él, diciendo: "Tu heredero no será éste, sino uno que saldrá de tus entrañas, él será tu heredero." El SEÑOR lo llevó fuera, y le dijo: "Ahora mira al cielo y cuenta las estrellas, si te es posible contarlas." Y añadió: "Así será tu descendencia." Y Abram creyó en el SEÑOR, y Él se lo reconoció por justicia.

Y le dijo: "Yo soy el SEÑOR que te saqué de Ur de los Caldeos, para darte esta tierra para que la poseas." Entonces Abram le preguntó: "Oh Señor DIOS, ¿cómo puedo saber que la poseeré?" El SEÑOR le respondió: "Tráeme una novilla de tres años, una cabra de tres años, un carnero de tres años, una tórtola y un pichón." Abram Le trajo todos éstos, los partió por la mitad, y puso cada mitad enfrente de la otra; pero no partió las aves. Y las aves de rapiña descendían sobre los animales sacrificados, pero Abram las ahuyentaba. A la puesta del sol un profundo sueño cayó sobre Abram. El terror de una gran oscuridad cayó sobre él.

Y Dios dijo a Abram: "Ten por cierto que tus descendientes serán extranjeros en una tierra que no es suya, donde serán esclavizados y oprimidos durante 400 años. Pero Yo también juzgaré a la nación a la cual servirán, y después saldrán de allí con grandes riquezas. Tú irás a tus padres en paz, y serás sepultado en buena vejez. "En la cuarta generación ellos regresarán acá, porque hasta entonces no habrá llegado a su colmo la iniquidad de los Amorreos."

Y sucedió que cuando el sol ya se había puesto, hubo densas tinieblas, y apareció un horno humeante y una antorcha de fuego que pasó por entre las mitades de los animales. En aquel día el SEÑOR hizo un pacto con Abram, diciendo: "A tu descendencia he dado esta tierra, Desde el río de Egipto hasta el río grande, el Río Eufrates: la tierra de los Quenitas, los Cenezeos, los Cadmoneos, los Hititas, los Ferezeos, los Refaías, los Amorreos, los Cananeos, los Gergeseos y los Jebuseos" (Génesis 15:1-21 NBLH).

Exposición:

Noten que empieza con la frase "No temas". Esta es una frase muy común entre los que llegan a tener encuentros con Dios (ver: Lucas 1:13; 1:30).

¿Por qué no debemos tener temor (miedo) de Dios? Génesis nos da dos razones:

Primera razón: "Yo soy tu escudo y galardón" (La Biblia Textual). Dios dice que Él es protector de Abraham y su galardón (ver Hebreos 11:6).

Él es su galardón. Dios se da a sí mismo. Esto es lo máximo que él puede darnos. Esta idea se repite en Romanos 8: "Si Dios es por nosotros, quién en contra nuestra."

Abraham respondió: Mi heredero será ese Damasceno Eliezer. No me has dado un hijo".

Dios responde, este hombre no es el heredero, sino uno que saldrá de tus entrañas.

Segunda razón: Dios sacó a Abraham fuera y le dijo, "Ahora mira al cielo y cuenta las estrellas, si te es posible contarlas". Y añadió: "Así será tu descendencia". Estas palabras indican que se está cumpliendo la promesa que Dios le hizo en Génesis 12:1-3.

Y Abraham creyó al Señor y le fue contado por justicia. Esta es la base para nuestra salvación, la cual no está basada en cumplir la ley (Romanos y Gálatas) porque fue hecha antes de que la ley se estableciese.

Dios hace pacto

Para hacer este pacto Dios le pide a Abraham que le traiga animales para el sacrificio y formalizar la promesa que había hecho en Génesis 12:1-3.

Dios le pide a Abraham traer los animales para hacer el pacto. Abraham ya sabía lo que tenía que hacer y responde al traer los animales al sacrificio. El ritual consiste en partir los animales en simbolismo de que la, o las personas que pasaran entre ellos serían partidos de la misma manera si quebrantasen este pacto. Generalmente los reyes derrotados pasaban en medio de los animales y eran partidos como los animales por el rey vencedor si ellos no cumplían con el pacto.

En esta ocasión es Dios mismo quien pasa entre los animales mientras Abraham se quedó dormido (Génesis 15:12). Por no pasar por en medio de los animales, quiere decir que Abraham no estaba sujeto a condiciones para cumplir el pacto, sólo Dios.

Pero en este caso Abraham se quedó dormido, pues se había cansado protegiendo los animales de las aves de rapiña. Sólo Dios pasó para hacer el pacto. Es decir, sólo Dios podía recibir el castigo por el rompimiento del pacto. Jesús cumple la maldición por su pueblo cuando muere en la cruz.

¿Qué es lo que tiene que suceder para que Dios cumpla su pacto?

Dios tiene que ceder su inmortalidad y encarnarse para poder morir por el pacto roto.

¿Cómo llegamos a ser parte de este pacto?

Joel profetizó que todos los que invocan el nombre del Señor serán salvos (Joel, Hechos, Romanos). Uno no invoca a una persona en quien no confía o no cree.

Génesis y la doctrina cristiana

Para esta comparación, usaremos el bosquejo de Bruce Milne: Conocerán la verdad: un manual de la fe cristiana, Editorial Puma.

1. Autoridad

Para poder tener una doctrina certera, ésta necesita estar basada en una verdadera historia. No podemos construir nuestra doctrina sobre mitos o fábulas, ficción o fantasía. Segundo, las Escrituras tienen que reportar los eventos históricos, base de nuestra salvación. Si no tenemos esta historia, no tendríamos una explicación correcta de nuestra relación con Dios.

2. Dios

Dios existe en tres personas: Dios mismo será partido al encarnarse en Jesús, como los animales en el ritual del Génesis para cumplir este pacto.

Dios es soberano: Sólo la acción soberana de él puede cumplir este pacto. El cumplimiento no puede ser un accidente.

3. El problema

El hombre es pecador e incapaz de cumplir su palabra. Por la acción de Dios en Génesis 15, la salvación no depende del hombre, sino de la acción y fidelidad de Dios a Su pacto.

4. La persona y obra de Cristo o Salvación

La redención de la culpa, pena, dominio y corrupción del pecado se logra únicamente por la muerte expiatoria del Señor Jesucristo, el Hijo encarnado de Dios, nuestro representante y sustituto.

La resurrección de Jesús La justificación del pecador se da sólo por la gracia de Dios y únicamente por medio de la fe en Cristo Jesús. La justificación se da por la fe, sin las obras de la ley. Esto se refleja en Génesis 15:6.

5. La persona y obra del Espíritu Santo

La presencia y poder del Espíritu Santo en la obra de regeneración. Sin el Espíritu Santo no podemos comprender este relato como una realidad donde Dios se compromete con el hombre.

La presencia del Espíritu Santo y su obra en el creyente. El Espíritu Santo tiene que ayudarnos como lo hizo con Abraham para evitar que este pacto tenga validez en nuestras vidas.

6. La iglesia

La doctrina de la iglesia equivale a un pueblo que es sin número y que son los descendientes de Abraham. La iglesia está constituida por los creyentes en Dios, y son de Jesús, que logra cumplir la parte de la promesa a Abraham (Apocalipsis 7:9-17). Estos son los que pueden ponerse de pie ante la ira de Dios (Apocalipsis 6: 17).

7. Las últimas cosas

Las últimas cosas son la consumación de la obra de Cristo. Él realizó el pago por el pacto roto. Él está llevando a cabo la terminación del proyecto de salvación. Cuando haya terminado su obra, regresará de la misma manera que se fue (Hechos 1:9-11).

Conclusiones

El resto de la Biblia es un comentario sobre cómo Dios es fiel en el cumpliendo de su promesa a Abraham y todos los que juntamente creen en él. Esta promesa se extiende a todas las naciones o familias de la Tierra. La bendición a Abraham hace que todos los que creemos en Jesús formemos parte de la familia de Abraham (Gálatas 3.14-16; 27-29).

La doctrina es la síntesis de todos los textos de la Biblia sobre un tema. En Génesis tenemos uno de los primeros tratados del tema de que Dios muere por nosotros y que somos justificados cuando creemos en Él. Génesis 15 sólo es un componente de la doctrina cristiana sobre la justificación por fe y la muerte de Jesús. Tenemos que seguir investigando.

Acerca de esta salvación, los profetas que profetizaron de la gracia que vendría a ustedes, diligentemente inquirieron y averiguaron, procurando saber qué persona o tiempo indicaba el Espíritu de Cristo dentro de ellos, al predecir los sufrimientos de Cristo y las glorias que seguirían. A ellos les fue revelado que no se servían a sí mismos, sino a ustedes, en estas cosas que ahora les han sido anunciadas mediante los que les predicaron el evangelio por el Espíritu Santo enviado del cielo; cosas a las cuales los ángeles anhelan mirar (1 Pedro 1:10-12 NBHL).

Todas las conclusiones en 1 Pedro en cuanto a la santidad dependen de la verdad de las Escrituras. Hebreos dice que "no debemos menospreciar al Hijo" (Hebreos 10:29-31) y ciertamente el ignorar la enseñanza bíblica, es decir, la doctrina acerca del Hijo es una forma de menospreciarlo.

¿Cómo explica Génesis 15 la muerte de Jesús?

Después recibí esta pregunta: Es interesante cómo este pasaje señala y prepara el camino hacia Jesús. Pero ¿Cómo explica la muerte de Jesús? ¿Por qué tenía que morir Jesús?

La muerte de Jesús está incluida implícitamente en la frase "Abran creyó a Dios y le fue contado por justicia". La Biblia indica en ambos testamentos que "no hay perdón (por el pecado) sin el derramamiento de sangre". Al considerar a una persona, como Abran, inocente o justa, implica muerte y derramamiento de sangre. Así el Génesis 15 incluye la necesidad de la muerte de Jesús.

¿Por qué tiene que morir Dios, si él nunca falló en cumplir su pacto? La razón de su muerte es que él firmó como aval del pacto. Los avales aceptan pagar en el caso que uno no pueda cumplir con sus pagos. En este caso Dios firmó el pacto, sabiendo que Abraham no podría cumplir, por eso lo llamamos un pacto incondicional.

Apéndice 2

La "Bendición" sobre los herejes (Birkat haminim) o la expulsión de los cristianos del judaísmo.

Por Eugenio Torres Rivera

En la actualidad muchos cristianos viven una ironía. Buscan hacerse judíos, auto nombrándose "cristianos mesiánicos", y vivir un "judaísmo cristiano".

Lo irónico estriba en que, desde los inicios del cristianismo, los judíos, por los medios justificados por su interpretación de su Ley (la Torá), expulsaban a los cristianos de su religión, de la comunidad, los ritos, el culto y la sinagoga.

Variaba la manera de castigarlos o echarlos, desde azotes, lapidación hasta la muerte, excomunión, complot asesino, persecución…

Al construir la narrativa textual del N.T. vemos a los escritores de los evangelios (y a Lucas en Hechos), relatando cómo los judíos persiguen a los cristianos, empezando con su fundador, Cristo, siguen con sus 12 primeros discípulos, luego con Esteban, Pablo y sus compañeros de misión, tanto en Judea, como fuera de ella.

Las razones para ejercer crueldad, persecución y violencia tenían sus bases en la interpretación de la Ley (Torá) y su respeto por las tradiciones dejadas por sus antepasados.

Para llegar a comprender cómo se llegó cimentar la Torá como centro gravitatorio, a manera holística, en cuanto concierne a la vida, creencia y práctica, del mundo judío, necesitamos considerar la importancia del templo y las consecuencias de su destrucción.

Judaísmo y templo

Tres veces al año debía presentarse todo varón judío en el templo. Lo hacían en tres peregrinaciones, Pascua, Semanas (Pentecostés) y Cabañas (Tabernáculos), y todo varón debía llevar diezmos y ofrendas, de acuerdo con la Ley (Torá).

La ley regulaba el calendario judío (Levítico 23), y como parte elemental del calendario estaba el templo. Allí se enseñaba doctrina, se disertaba y se aprendía.

Las peregrinaciones, sobre todo, desde países cercanos o remotos, hacían del templo el centro de la fe judía. Era, por decirlo de otro modo, el corazón de la religión judía, su pulso, el centro de su interés, devoción, orgullo y amor. Era el centro gravitacional de la fe judía.

No se reducía a la religión, pues también era el músculo del vigor nacional, unido en trenza con la identidad de ser judío, alguien del pueblo elegido, especial para Dios. Nacionalismo y religión eran siameses. Era, en sí mismo, la esencia de la identidad judía. El templo los representaba, les daba identidad para consigo mismos y ante el mundo externo.

Pero eso cambiaría cuando en el año 70 de nuestra era, Tito, el general romano, arrasó con Jerusalén, ciudad y templo.

Hacer añicos el templo conllevaba desarticular la narrativa del músculo que formaba la identidad judía. Anular el corazón, el ID de la fe del pueblo elegido; destruir el templo implicaba la humillación de verse destruidos, perder identidad, esencia de quién eran ellas para sí mismos, Dios y el mundo. Perdían también su motivo de orgullo.

Terminar con la identidad judía, destruirla (el templo), tanto a nivel nacional como religioso, fue una experiencia traumática, por lo tanto, una vez perdida la identidad, deambular en el vacío, perder el ser, los colocaba en la urgente necesidad de echar un ancla para afianzar la identidad perdida.

Urgía establecer otro fundamento para la identidad judía, echar bases para una "nueva normalidad" o "nueva identidad", que funcionara como el nuevo cemento que habría de unir a los judíos de todo el mundo.

La torá y la tradición oral

¿Cuál sería la base o los fundamentos? ¿De dónde se extraerían los elementos para amasar el cemento o adhesivo para echar nuevos cimientos?

Los sabios de Israel no tardaron en "canonizar" lo que ya funcionaba como cemento entre ellos: La Torá (los cinco libros atribuidos a Moisés).

La Torá pasó a ser el elemento central de todo aspecto de la vida judía. Ya era de suma importancia, pero no suplía al templo, sin embargo, en cuanto faltó éste, la Ley pasó a ser el centro, junto con la ley oral o tradición oral.

A partir de la destrucción del templo los líderes religiosos elaboraron toda la narrativa que habría de cohesionar a los judíos a nivel global. La herramienta y adhesivo fue uno: la tradición oral, cuya narrativa es, al mismo tiempo que se construye, su auto legitimación. (Puro esfuerzo humano.)

La auto legitimación de la tradición oral no se encuentra en ninguna parte de La Escritura, sino en sí misma. Se auto legitima por su propia palabra, por su propia interpretación de sí misma.

A guisa de ejemplo veamos una cita del Talmud:

Moisés recibió la Tora del Sinaí y la transmitió a Josué; Josué a los ancianos y los ancianos a los profetas; y los profetas a los hombres de la Gran Asamblea.

Ellos pronunciaron tres sentencias: Sed prudentes en el juicio. Estableced muchos discípulos. Y haced una cerca en torno a la Tora.

Simón el justo fue uno de los últimos (miembros) de la Gran Asamblea. Él solía decir: sobre tres cosas descansa el mundo: la Tora, el culto y las obras de misericordia.

Antígono de Soko, que recibió (la tradición) de Simón el justo, decía: no seáis como los siervos que sirven al amo con la condición de recibir un salario; más bien sed como siervos que sirven al amo sin intención de recibir remuneración. Y el temor de los cielos sea sobre vosotros.[1]

Destacan dos revelaciones divinas (así lo sostiene el judaísmo): la Torá (Ley escrita) y la Tradición Oral.

Ambas, Ley y tradición oral, según el mundo judío, fueron dadas en el Sinaí. El judaísmo auto legitima con su narrativa su autoridad, su tradición oral al afirmar que la tradición misma fue dada por Dios al mismo tiempo que la Torá, la Ley escrita. Según ellos, la dádiva de ambas fue simultánea. Por eso tienen el mismo nivel de autoridad. Sin embargo, ¿qué dice Jesús?

---

[1] ABOT DE RABBÍ NATAN, Ma Ángeles Navarro ed., Biblioteca Midrásica, Institución San Jerónimo para la investigación bíblica.

Jesús y la autoridad de la escritura

De acuerdo con el Nuevo Testamento, en palabras del Señor Jesús, lo escrito está por sobre la tradición oral. Dicho de otro modo, La Escritura es autoridad en sí misma, y nada hay que se le iguale, nada puede competir con ella como base y fuente de autoridad, pues no es auto legitimada, sino dada por Dios, y él es la fuente de autoridad. Si es su Palabra, La Escritura es autoridad en sí misma por representar lo dicho por Dios.

Por eso decía el Señor Jesús:

Oísteis que fue dicho a los antiguos: No matarás; y cualquiera que matare será culpable de juicio. Pero yo os digo que cualquiera que se enoje contra su hermano, será culpable de juicio; y cualquiera que diga: Necio, a su hermano, será culpable ante el concilio; y cualquiera que le diga: Fatuo, quedará expuesto al infierno de fuego. Mateo 5:21-22 (RVR1960)

Oísteis que fue dicho: No cometerás adulterio. Pero yo os digo que cualquiera que mira a una mujer para codiciarla, ya adulteró con ella en su corazón. Mateo 5:27-28 (RVR1960)

También fue dicho: Cualquiera que repudie a su mujer, dele carta de divorcio. Pero yo os digo que el que repudia a su mujer, a no ser por causa de fornicación, hace que ella adultere; y el que se casa con la repudiada, comete adulterio. Mateo 5:31-32 (RVR1960)

Al contrastar la frase «oísteis que fue dicho» (alusión a la tradición oral), con la palabra dada por Cristo, «Pero yo os digo», el Señor Jesús postula una autoridad semejante a la revelación dada por Dios en el Sinaí, la Torá.

¡Jesús se posiciona en el nivel de la autoridad de La Escritura! Por lo tanto, contradice la tradición oral y la somete a su palabra, como palabra dada por Dios mismo, a semejanza de la palabra dada por Dios en el Sinaí.

Para él la revelación escrita no podía ser sustituida por las palabras de los hombres.

Su respeto por la Torá estaba por sobre la tradición rabínica. No podían estar, ni a la misma altura, ni en competencia. Ponerlas a la par significaba en sí mismo anular La Escritura, y la tradición rabínica no tenía, para el Señor Jesús, ni la altura, ni autoridad, nivel, ni santidad, ni era digna de ser honrada al grado de veneración, como lo hacían los religiosos de su tiempo.

Justo antes de decir: «Oísteis que fue dicho… Pero yo os digo…», había establecido la autoridad de la revelación escrita, de acuerdo con Mateo 5:17: «No penséis que he venido para abrogar la ley o los profetas; no he venido para abrogar, sino para cumplir.»

Más aún, de acuerdo con Pablo, el Señor Jesús cumplió con toda la Ley en favor nuestro, él la llevó a su plenitud, para satisfacer la voluntad de Dios, en favor de sus discípulos de todas las épocas:

«…pues en él se cumplen todas las promesas de Dios. Por esto, cuando alabamos a Dios, decimos «Amén» por medio de Cristo Jesús.» 2 Corintios 1:20 (DHH)

El Padre cumplió y llevará su plan a plenitud por medio de Cristo, quien es la satisfacción plena de la voluntad del Padre para nosotros. Él cumplió la ley a nuestro favor, por lo tanto, su palabra, como Rey, es palabra que legisla, gobierna y predomina, es suprema. Dijo: «Toda autoridad me ha sido dada.»

Por eso, cuando afirma «mas yo os digo…», asombró a las multitudes «porque enseñaba con autoridad, no como los escribas».

¿Cómo enseñaban los escribas? Justo como dice la cita de Abot de Rabí Natán citado arriba: apelando a la transmisión recibida de otros, anteriores a uno, como el fundamento de autoridad. Era, por buscar un referente, apelar a la academia y al título recibido de otros para dar un mensaje. Equivalía a decir: «de aquí viene mi autoridad…» de la lista que uno podía citar.

Judíos conta cristianos

Jesús fue rechazado por los judíos, que asimismo mataron a Esteban, y maltrataron a Pedro y Juan, encarcelaron a Pablo, le propinaron azotes…

Los judíos concebían a los cristianos como una amenaza a su fe, porque predicaban el reino llegado en Cristo, y a él como el Mesías. Peor aún, afirmaban que Cristo era Dios, y Cristo mismo lo implicó cuando argumentó con los líderes religiosos sobre la interpretación del salmo 110 (entre muchos pasajes más): ¿Si el Mesías es hijo de David, por qué David lo llama "Señor"? (implicando divinidad).

Diseñaron, en el celo de su doctrina auto legitimada (la tradición oral), castigos en distintas modalidades. Una forma de castigo era expulsarlos de la sinagoga, como se alude en Juan 9.22, al citar el acuerdo de los judíos de expulsar de la sinagoga a quien reconociera a Jesús como el Mesías prometido.

Los comienzos del cristianismo están distinguidos por ser rechazado por el mundo judeorreligioso de su tiempo. Quien no reconociera la tradición oral judía era expulsado de la sinagoga con maltrato verbal, violencia física, persecución, discriminación y maldiciones configuradas al respecto.

Urdieron penas, castigos, y llegaron al asesinato de cristianos por separarse de la fe judía.

Respuesta cristiana a la persecución judía

En todo el Nuevo Testamento vemos dos colectivos con sus valores y su cosmovisión propia.

La de los judíos era celosa en general y, por ello mismo, asesina, iracunda, intransigente, violenta, excluyente…

Contrasta con la respuesta cristiana: bendecían, eran pasivos, oraban por el pueblo judío (Pablo es ejemplo de ello, Ro. 9) y eran de una fe inclusiva, como hasta el día de hoy se ve en el mundo, una iglesia global multiétnica.

Llegaban incluso a tener como líderes de alguna célula de base (congregación local) a esclavos. En Cristo, se enseñaba, no había distinción de niveles sociales, económicos o académicos. Nadie era más importante que los demás. Todos eran deudores recíprocos de honra y amor.

Característica cristiana era la paz, nunca la revuelta ni la lucha armada, ni la venganza. En todo caso, la venganza cristiana era el servicio, la oración y el amor por los enemigos.

Ambas religiones compartían algo semejante: celo. En el judaísmo era una cerrazón, mientras en el cristianismo era lealtad a Cristo, incluso hasta morir.

Cristo lo valía todo, era digno de todo, y los cristianos vivían y morían por y para él.

Cuando el cristianismo vivió la práctica del antisemitismo, no fueron los cristianos de la fe bíblica, sino la secta católica, cuyo celo también era asesino, y cuya intransigencia mataba a todo disidente o desertor de sus filas donde había asentado su dominio político.

Lealtad a Cristo

De varias maneras vemos la enseñanza del Nuevo Testamento acerca de la lealtad a Cristo.

El maestro llamó a sus seguidores a ir en pos de él, incluso hasta la muerte: "Sé fiel hasta la muerte…" (Ap. 1.10) que, interpretado, significa "sé fiel a mí, aunque te maten…", porque Cristo daría la corona de la vida a los fieles a él.

En los evangelios su llamado era: "Si alguno quiere venir en pos de mí niéguese a sí mismo, tome su cruz y sígame".

Por la parte apostólica, vemos la contundente afirmación: ¿Qué nos separará del amor de Cristo? Ni la muerte, ni la vida… ni espada (asesinato por serle fiel), ni persecución… Nada, nos podrá separar del amor de Cristo.

Sin embargo, en el desarrollo del Nuevo Testamento no vemos el templo judío destruido, pero sí la cerrazón judía, su naturaleza discriminatoria y asesina de los cristianos judíos, disidentes de la tradición oral.

Es en ese contexto donde, en sus inicios, la lealtad a Cristo
era de suma importancia en ser manifestada ante la hostilidad y
posible martirio y muerte.

La lealtad a Cristo no se reduce a la narrativa enmarcada en
el mundo judío descrito en el Nuevo Testamento.

Siguió por siglos, primero a manos de judíos y luego
romanos, para extenderse por Europa y, hasta el día de hoy, en
etnias de México, Latinoamérica, África y Asia.

Pero no para allí. La persecución tiene mutaciones y también
se ejerce, sórdida, en ambientes culturales (universidades), de
negocio, empresas, barrios, clubes y política.

Contraste de lealtades

En el judaísmo se vive el contraste de la lealtad a su fe.
Pongamos por caso la historia, cuando su vida se vio amenazada
por el antisemitismo católico en España (entre muchas otras
ocasiones y lugares).

¿Cuál era la respuesta judía ante una circunstancia
amenazante y se corría el riesgo de ser asesinado o de perder toda
su riqueza?

¡Fingir! Se fingía hacerse "cristiano" (entiéndase católico), a
fin de conservar la vida.

¿En qué se basaban para hacerlo? En la interpretación oral, en las tradiciones heredadas, y en cómo explicaban La Escritura; en este caso, Levítico 18.5: «Por tanto, guardaréis mis estatutos y mis ordenanzas, los cuales haciendo el hombre, vivirá en (o por) ellos. Yo Jehová.»

De acuerdo con la tradición oral, el propósito de los mandamientos (La Torá), es que el hombre viva, no que muera.

Por lo tanto, el judío en peligro de perderlo todo, a menos que se convirtiera a la religión de sus enemigos, estaba autorizado por sus líderes religiosos a fingir su conversión (casi siempre al catolicismo), a fin de conservar la vida y, por ende, sus posesiones.

Si el propósito de la Torá era que el hombre viviera (la interpretación de la tradición oral no resistiría un análisis fuera de su propio contexto auto legitimado), negar la fe (en apariencia), posibilitaba seguir siendo fiel a la religión judía en el corazón. Seguían teniendo sus cultos judíos en secreto, mientras en público fingían conversión a otra religión.

No significaba ser hipócritas, sino verdaderos creyentes en la fe judía, pues se estaba siendo fiel a la ley y a la tradición oral. La fe en la tradición oral normaba toda la vida del fiel judío, incluso su interpretación de la tradición escrita (la Torá recibida en el Sinaí).

¿Cómo se accede al conocimiento de la tradición oral hoy día? Estudiando la Mishná[2] (o Misná). De ella, se escribió así en una versión al español:

La Misná comprende actualmente seis órdenes (seder/sedarim). Cada orden contiene varios tratados (masséket; en plural, massakot o massektot). En total, 63 tratados. A su vez, cada tratado comprende capítulos (peraquim) y éstos comprenden mishnayyot (sentencias) o proposiciones, mayormente de carácter haláquico) Cada una de esta sentencias o proposiciones constituye una misná (mishná).

Como ya hemos dicho precedentemente, la Misná cristaliza una vieja tradición judía que se instala con fuerza tras el exilio y que hace la Torá (escrita y oral) su norma de vida.[3]

Auto legitimada por sí misma, la Misná (tradición oral) se impone sobre la vida judía en todos sus detalles, anulando incluso los mandamientos de la Torá, la revelación escrita. La autoridad humana prevalece sobre la de Dios.

---

[2] 2. LA MISNÁ, Carlos del Valle, ed., Segunda edición revisada y corregida, Ediciones Sígueme, Salamanca.

[3] 3. Ibid., p 22.

FINALES DEL SIGLO I

Perseguidos por los judíos, los primeros cristianos residentes en Jerusalén viven hostilizados, incluso asesinados, la discriminación, maltrato, persecución y muerte por representar una amenaza a la fe judía.

Algo había que hacer para terminar con la amenaza contra la fe judía. La tradición oral ya estaba en función, ya era canónica, y la transición hacia su consolidación (ponerla por escrito) fue determinada por la destrucción del templo.

Por lo tanto, la Misná pasó a ocupar el centro de atracción gravitacional, el eje de la vida judía en todos sus aspectos, para ajustar la Torá a la tradición oral, no la tradición oral a la Torá (y así es hasta el día de hoy). Aunque aclaremos, en los rituales de culto (sedarim) se tiene, en apariencia, a la Torá como centro de la vida.

Ritualistas, como solían ser (al grado de elaborar oraciones para toda ocasión), van elaborando todo un mundo de oraciones para todo.

El paso definitivo para erradicar a los cristianos se dio en la conformación de ritos (oraciones llamadas "bendiciones), que veremos más adelante.

YABNÉ

Una vez destruido el templo, el proceso inmediato fue poner por escrito la tradición oral. También el Talmud. De hecho, se escribieron dos versiones del Talmud, el de Jerusalén y el de Babilonia.

De mayor reputación era el segundo, por la historia misma de quienes, fueron llevados al exilio, son personajes importantes para la vida del pueblo: príncipes, líderes religiosos, sabios…

Entre ellos estaba Esdras, quien dio forma al sanedrín y a la organización de la sinagoga y a la formación del rabinato.

En este concilio se decide poner por escrito la tradición oral, expresada en lo que hoy es el corpus de la Misná (o Mishná).

Entre los procesos desarrollados está la conformación de oraciones, algunas obviamente discriminatorias, con un obvio sentido de auto concebirse como pueblo especial, considerando a los demás como malditos, malvados, o destinados al infierno o a la destrucción.

El judaísmo contemporáneo, en su corriente moderna, sostiene una posición moderada…

No se puede decir lo mismo de la línea ortodoxa, como en lo relacionado con las declaraciones como la del matrimonio, donde se expresa la concepción del papel de la mujer: dar hijos. Es decir, ella es la parcela donde depositar la semilla para la reproducción.

Mujeres y gentiles (no judíos), son discriminados todo el tiempo. Aceptamos sí, las excepciones, pocas, de algunos personajes citados en el corpus del Talmud.

Un ejemplo, es la siguiente oración:

«Rabí Yehudah dice: "Tres cosas debe una persona decir todos los días: Bendito seas porque no me hiciste gentil; Bendito seas por no hacerme un ignorante; Bendito seas por no hacerme mujer…"»

Al paso del tiempo se generaron más oraciones, entre ellas está la Birkat Haminim ("¿Bendición…?" sobre los herejes").

Puede parecer extraño que la Birkat Haminim esté entre las "bendiciones" llamadas Shmone Eshré (cuando en realidad es una maldición), pero se debe a que la palabra Birkat significa tanto "bendición", como "maldición". Como en algunos idiomas, en hebreo se tiene ambigüedad en la palabra baraj. Como ejemplo véase el término baraj, en Job 2.9, traducido en la RV 1909 "bendice a Dios", y la RVR 60, DHH y NVI "maldice".

En el español también tenemos ambigüedad para algunos términos, como sancionar, que significa "aprobar", "autorizar", también "aplicar un castigo o sanción". El significado, tanto en hebreo como en español dependen del contexto.

La lista de las Shmone Esré (Dieciocho bendiciones) es la siguiente, de la primera a la trece.

ABOT (Primera bendición)

Bendito eres tú, Señor, Dios nuestro y Dios de nuestros padres, Dios de Abraham, Dios de Isaac y Dios de Jacob, Dios grande, todopoderoso y temible, Dios altísimo, que retribuyes con magnanimidad, creador del universo, que recuerdas las buenas obras de los padres, que traes la redención a sus descendientes por razón de tu nombre con amor. ¡Oh rey que ayudas, salvas y proteges! ¡Bendito eres tú, Señor, escudo de Abraham!

GUEVUROT (Segunda bendición)

Tú eres eternamente poderoso, Señor, tú que resucitas a los muertos y tienes poder para salvar. (Eh invierto se dice: "que haces soplar el viento y descender la lluvia"). Tú mantienes a los vivos con amor y das vida a los muertos con inmensa misericordia. Tú sostienes a los vacilantes, curas a los enfermos, liberas a los encarcelados, guardas tu fidelidad a los que duermen bajo la tierra. ¿Quién es como tú, hacedor de obras poderosas? ¿Quién se asemeja a ti? ¡Oh rey que otorgas la muerte y concedes la vida y haces florecer la salvación! Tú eres fiel dando vida a los muertos. ¡Bendito eres tú, Señor, que resucitas a los muertos!

Quedushat ha-Shem (Tercera bendición)

Tú eres santo, tu Nombre es santo y los santos te alaban cada día. ¡Bendito eres tú, Señor, Dios santo!

BINÁ (Cuarta bendición)

Tú das al hombre conocimiento y enseñas al hombre la inteligencia. Concédenos conocimiento, inteligencia y sabiduría. ¡Bendito eres tú, Señor, que otorgas el conocimiento.

TESHUVÁ (Quinta bendición)

Vuélvenos, oh Padre nuestro, a tu Torá. Acércanos, oh rey nuestro, a tu servicio. Retórnanos ante ti con contrición perfecta. ¡Bendito eres, Señor, que te complaces en la penitencia!

SELIJÁ (Sexta bendición)

Perdónanos, Padre nuestro, porque hemos pecado; perdónanos oh Rey nuestro, porque hemos transgredido, ya tu tú perdonas y condonas (las culpas). ¡Bendito eres tú, Señor, misericordioso y que abundas en perdón!

GUEULÁ (Séptima bendición)

Mira nuestra aflicción, defiende nuestra causa, redímenos
pronto por amor de tu Nombre. Porque tú eres un redentor
poderoso. ¡Bendito eres tú, Señor redentor de Israel!

REFUÁ (Octava bendición)

Cúranos, Señor, y quedaremos curados; sálvanos y
quedaremos salvados. Procúranos medicina completa para nuestras
heridas, porque tú eres Dios, Rey, médico fiel y misericordioso.
¡Bendito eres tú, Señor, médico de los enfermos de tu pueblo Israel!

BIRKATA HA-SHANIM (Novena bendición)

Bendícenos, Señor, Dios nuestro, este año y todas las
especies de sus frutos para bien (nuestro). Otorga (en verano: "la
bendición"; en invierno: "el rocío y la lluvia benéfica") sobre la faz
de la tierra. Sácianos de sus bienes. Bendice nuestro año para que
sea de los años buenos. ¡Bendito eres tú, Señor, que bendices los
años!

QUIBBUTS GALUYYOT (Décima bendición)

Haz sonar el gran cuerno (que anuncie) nuestra liberación. Alza el estandarte para reunir a los exiliados; congréganos a la par de los cuatro ángulos de la tierra. ¡Bendito eres, tú Señor, que reúnes a los confinados de tu pueblo Israel!

BIRKAT HA-MISHPAT (Undécima bendición)

Restaura nuestros jueces como al principio, nuestros consejeros como en tiempos pasados. Aparta de nosotros la tristeza y el gemido. Reina sobre nosotros tú solo, Señor, con amor y misericordia. Declara nuestra justicia en el juicio. ¡Bendito eres tú, Señor, rey que amas la justicia y la rectitud!

BIRKAT HA-MINIM (Duodécima bendición)

Que los calumniadores no tengan esperanza. Que perezca al instante la maldad, que todos los enemigos de tu pueblo sean prontamente aniquilados, que los malvados sean rápidamente erradicados; quebrántalos, fulmínalos, subyúgalos presto en nuestros días. ¡Bendito eres tú, Señor, que quebrantas a los enemigos y subyugas a los malvados!

BIRKAT HA-TZADIQUIM (Decimotercera bendición)

Por los justos y por los piadosos, por los ancianos de tu pueblo Israel, por el resto de los escribas, por los prosélitos de justicia y por nosotros, conmuévase tu misericordia, oh Señor, Dios nuestro. Otorga el premio a todos los que verdaderamente confían en tu Nombre; dispón que nuestro destino esté con ellos eternamente y que no seamos confundidos porque hemos confiado en ti. ¡Bendito eres tú, Señor, sostén y refugio de los justos!

La Birkat Haminim se aplicó, a partir del Siglo II, en sinagogas para expulsar definitivamente a los cristianos, cuya doctrina era una amenaza para la fe judía y su unidad con base en la Ley.

Los judíos convertidos a Cristo, los apóstoles, propagaron la fe en Cristo como la condición establecida por Dios para que toda persona, de cualquier nación, raza, sociedad, cultura, etnia, pobre o rica, hombre o mujer, niño o joven, culto o erudito, libre o esclavo o liberto, recibiera la salvación de gracia dada por Dios en Cristo Jesús, el Mesías Hijo de David.

Los primeros cristianos, judíos o no, declararon con osadía su fe en Cristo, y lo siguieron aunque les costara la vida.

Miles prefirieron la muerte, el cadalso, la cárcel, la tortura, la persecución, la hoguera o el despojo de sus bienes, incluso el exilio, antes que renegar de su amor, pasión y lealtad a Cristo.

Y mientras extendían el mensaje del evangelio por los países del Medio Oriente, detrás de ellos (sobre todo de Pablo), entraban a las comunidades cristianas para imponerles a los nuevos creyentes el regreso a la maldición de la Ley, engañándolos, haciéndoles creer que no serían salvos si sólo creían en Jesús y nada más.

Su fórmula para ser cristiano y ser salvo era:

Cristo + Buenas obras = salvación

Para los apóstoles era diferente. Ellos predicaban una fórmula distinta:

Cristo + nada = salvación.

También podría expresarse: Cristo + fe = salvación

La fe es igual a nada, pues no aporta nada. La fe, al mismo tiempo que es nada, es todo para Dios, quien la pone como la única condición para ser salvos por medio de Cristo.

Negar la fe en Cristo es igual a ponerse bajo la maldición de la Ley, negar la gracia.

Pablo, de manera enfática, le dice a quien niegue el evangelio de la gracia, de la fe en Cristo, que sea anatema.

De esa manera expresó, anticipándose a la canonización de la Birkat, una maldición más antigua, sobre quien repudie a Cristo, y lo maldiga (porque eso implica rechazar la fe en él), por volverse a la maldición de la Ley.

No hay otro evangelio. Sólo uno, el de la fe en Cristo, nuestro bendito Dios, quien nos rescata de toda maldición. Invitamos a todo apóstata maldito, a regresar a la fe, a la gracia de Dios en Cristo. Aún hay tiempo, y Dios se complace en perdonar.

A todo enemigo de Cristo lo bendecimos con una bienvenida a la gracia, con los brazos abiertos de la cruz, como bendición eterna.

Bibliografía

Baldwin, J. (s.f.). *Génesis 12-50.* Andamio.

D. A. Carson, e. (s.f.). *Nuevo Comentario Bíblico Siglo XXI.* Casa Bautista.

ed., M. Á. (1987). *ABOT DE RABBÍ NATAN.* Valencia: Institución San Jerónimo para la investigación bíblica.

Hendricksen, G. (s.f.). *Gálatas.* Libros de desafío.

Jaffé, D. (2007). *El Talmud y los orígenes judíos del Cristianismo (Jesús, Pablo, y los judeo-cristianos en la literatura talmúdica).* Bilbao: Desclée de Brouwer.

Keller, T. (s.f.). Abraham and the torch.

Leupold, H. C. (1942). *Genesis vol. 1.* Baker.

Lutero, M. (s.f.). *Comentarios de Martin: Gálatas.* CLIE.

Milne, B. (2008). *Conocerán la Verdad: un manual para la fe cristiana.* Puma.

Ridderbos, H. (s.f.). *The Epistle of Paul to the Epistoles of Galatia.* Eerdmans.

Salinas, D. (2013). *Nuestr@ fe: Integrando la Palabra en la vida cotidiana.* Certeza México.

Stott, J. R. (s.f.). *El mensaje de Gálatas.* Certeza.

Thielman, F. (s.f.). *Teología del Nuevo Testamento.* Vida.

Valle, C. d. (1987). *LA MISNÁ Segunda edición revisada y corregida.* Salamanca: Ediciones Sígueme.

Wilson, G. B. (1979). *Galatians: a digest of reformed comment.* Banner of
Truth Trust.

www.ingramcontent.com/pod-product-compliance
Lightning Source LLC
Chambersburg PA
CBHW071541150726

48000CB00002B/882